Inglés
norteamericano
libro de frases
y diccionario

2224 79660

Berlitz Publishing Company, Inc.

Princeton   Mexico City   London   Eschborn   Singapore

ISBN 2-8315-6583-9
Décima edición abril 2001
Impreso en España.

Cómo mejor utilizar este libro de frases

● Le aconsejamos que empiece con la **Guía de pronunciación** (pp. 7-10), y continue con **Expresiones generales** (pp. 11-15). Estas secciones no sólo le darán un vocabulario básico, sino que también se acostumbrará a la pronunciación del idioma.

● Consulte la página del **Contenido** (pp. 4-6) para la sección que necesite. Cada capítulo contiene información para el viajero, consejos, y datos que le podrían servir de algo. Expresiones sencillas preceden listas de palabras que podrían necesitar en esas situaciones particulares.

● También hemos incluido listas detalladas de contenido, al principio de las secciones largas: **En el restaurante** y **Guía de compras** (Menús p. 43, Comercios y servicios p. 97).

● Le ofrece un rápido sistema de referencias mediante los **márgenes en color**. Las características más importantes del contenido se encuentran en la cubierta posterior. En el interior hay un **índice** completo.

● Si quiere aprender más acerca de la construcción de frases, véase la sección **Gramática básica** (pp. 16-21).

● Por todo el libro verá el símbolo ☛ que indica frases que la persona que escucha podría usar para contestarle. Si todavía no puede entender, dele este libro al que habla americano para que indique la respuesta adecuada. La traducción española está al lado de la frase americana.

● ¿Tiene dificultades con el automóvil? Busque en el **manual de mecánica** las instrucciones en ambas lenguas (pp. 155-158). ¿Se encuentra enfermo? Nuestra **sección médica** (pp. 165-171) es excelente para conseguir una comunicación rápida entre Vd. y el doctor.

4

Contenido

Reconocimiento
Damos las gracias muy encarecidamente al Dr. T.J.A. Bennett por
la creación de la transcripción fonética. También agradecemos la
asistencia del U.S. Travel Service y del U.S Department of
Transportation.

Guía de pronunciación

Este capítulo y el siguiente están destinados a familiarizarle con nuestro sistema de transcripción fonética y a facilitarle la pronunciación del inglés.

El vocabulario básico de viaje que contiene palabras y expresiones ha sido compendiado bajo el titulo «Expresiones generales» (págs. 11-15).

Encontrará también explicaciones sobre los sonidos ingleses, así como los símbolos que hemos adoptado para representarlos. Lea dichos símbolos como si se tratase del español, salvo algunas excepciones que se indican más adelante.

Por supuesto, los sonidos de una lengua rara vez coinciden exactamente con los de otra, pero siguiendo atentamente nuestras indicaciones no tendrá dificultad alguna en leer nuestras transcripciones y hacerse comprender. Acto seguido sólo será necesario escuchar a sus interlocutores para mejorar su acento; el resto vendrá con la práctica.

Los caracteres impresos en letra negrilla indican las sílabas acentuadas que se emitirán, por consiguiente, con más fuerza.

Consonantes

Letra	Pronunciación aproximativa	Símbolo	Ejemplo	
b, ch, f, k, l, m, n, p, t, x, y	como en español			
c	1) seguida de e, i, y como s en seca	ss	receipt	rissiit
	2) en otros casos como k en kilo	k	can	kæn
d	siempre como d en dama	d	bad	bæd

g	1) seguida de **e**, **i**, **y** como **ch**, pero con la misma vibración en la garganta que se siente al pronunciar la **s** de desde (como la **ll** argentina)	dʒ	**gin**	dʒin
	2) en otros casos como **g** en gala	gh	**good**	ghud
h	el sonido de la espiración	h	**have**	hæv
j	como la **g** inglesa seguida de **e**, **i**, **y**	dʒ	**just**	dʒösst
qu	como **k** seguida de la **u** de suave	ku	**quick**	kuik
r	diga la **ll** de caballo como la diría un argentino, pero abra un poco más la boca de modo que el aire espirado produzca menos ruido; más o menos como la **r** española, pero con la punta de la lengua puesta hacia arriba	r	**red**	rêd
s	1) entre vocales y al final de la palabra como **s** en desde	s	**these**	ðiis
	2) en los grupos de letras -**si**- y -**su**- como la **ll** argentina	ʒ	**vision** usual	viʒön yuuʒöl
	3) en otros casos como **s** en seca	ss	**say**	ssei
sh	como **ch**, pero sin la **t** inicial: el sonido debe ser como la **s** de seca, pero menos preciso, y el aire se desliza por una zona mayor de la boca	ʃ	**shut**	ʃöt
th	1) seguida de una vocal, generalmente como **d** en ruido	ð	**this**	ðiss
	2) en otros casos generalmente como **z** en zapato	z	**through**	zruu
v	más bien como **b** en hablar, pero con una fricción más fuerte entre el labio inferior y los dientes superiores (como la **v** castellana antigua)	v	**very**	vêri
w	como la **u** en suave	u	**we**	ui
z	como **s** en desde	s	**zoo**	suu

Vocales

La vocal de una sílaba no acentuada pierde su fuerza en inglés y, a menudo, se convierte en un sonido neutral (transcrito con **ö**). Puesto que no existen reglas para señalar la sílaba acentuada, es difícil conocer la pronunciación exacta de una nueva palabra.

a	1) a veces (sobre todo seguida de consonantes) toma un sonido entre **a** y **e**	æ	**hat**	hæt
	2) a veces (sobre todo seguida de **r**) como la segunda **a** en mañana, pero más larga	aa	**car**	kaar
	3) seguida de una consonante y una vocal, como **ey** en r**ey**	ei	**pale**	peil
e	1) seguida de una consonante final o de dos consonantes, como la segunda **e** en este	ê	**best**	bêsst
	2) seguida de una consonante y una vocal, generalmente como **i** en aquí, pero más larga y con los labios menos tensos	ii	**these**	ðiis
i	1) seguida de una consonante final o de dos consonantes, como **i** en mismo, pero muy breve	i	**this**	ðiss
	2) seguida de una consonante y una vocal, como **y** en ha**y**	ai	**fine**	fain
o	1) seguida de una consonante final o de dos consonantes, como la segunda **a** en mañana o como **o** en noche	a / o	**hot** / **dog**	hat / dogh
	2) seguida de una consonante y una vocal, como la **o** en sola pero más larga	ôô	**note**	nôôt
	3) seguida de **r**, algo así como **o** en noche, pero con los labios más redondeados y con la **r** americana al final	oo	**port**	poort
u	1) en algunas palabras monosílabas, seguida de una consonante final, como **u** en mucho	u	**put**	put

	2) seguida de una consonante y una vocal, como **u** en luna, pero más larga	uu	**tune**	tuun	
	3) en otros casos un sonido neutral pronunciado con la lengua en medio de la boca y los labios extendidos	ö	**much**	möch	
y	1) en palabras monosílabas, como **y** en hay	ai	**my**	mai	
	2) en otros casos, generalmente como **i** en sí	i	**heavy**	hêvi	

Sonidos escritos con dos o más letras

ai, ay	como **ey** en rey	ei	**day**	dei
aw	como **o** pero larga	oo	**raw**	roo
ea, ee, ie, (c)ei	generalmente como **i** en aquí, pero más larga	ii	**see**	ssii
ew	como **iu** en viuda	yuu	**few**	fyuu
er, ir, ur	vocal neutral, algo así como **a** español, pero más larga y sin apretar los labios, y con la **r** americana al final	öör	**fur**	föör
igh	como **hay**	ai	**high**	hai
oi, oy	como **hoy**	oi	**boy**	boi
ou, ow	como **au** en pausa	au	**now**	nau
oo	como **u** en luna, pero más larga	uu	**food**	fuud

Expresiones generales

Sí.	**Yes.**	yêss
No.	**No.**	nôô
Por favor.	**Please.**	pliis
Gracias.	**Thank you.**	zænk yu
Muchas gracias.	**Thank you very much.**	zænk yu **vê**ri möch
No hay de qué.	**You're welcome.**	yoor **uê**lköm

Saludos

Buenos días.	**Good morning.**	ghud **moor**ning
Buenas tardes.	**Good afternoon.**	ghud æf**tör**nuun
Buenas tardes.	**Good evening.**	ghud **iiv**ning
Buenas noches.	**Good night.**	ghud nait
Adiós.	**Goodbye.**	ghud**bai**
Hasta luego.	**See you later.**	ssii yu **lei**tör
Este es el Señor ...	**This is Mr...**	ðiss is **mis**stör
Esta es la Señora ...	**This is Mrs...**	ðiss is **mis**sis
Esta es la Señorita ...	**This is Miss...**	ðiss is miss
Encantado de conocerle.	**I'm very pleased to meet you.**	aim **vê**ri pliisd tu miit yu
Cómo está Vd.?	**How are you?**	hau aar yu
Muy bien, gracias.	**Very well, thank you.**	**vê**ri uêl zænk yu
¿Y Vd.?	**And you?**	ænd yu
Bien. Gracias.	**Fine.**	fain
Dispénseme.	**Excuse me.**	iks**skyuus** mi

Preguntas

¿Dónde?	**Where?**	uêr
¿Dónde está ...?	**Where's...?**	uêrs

¿Dónde están...?	**Where are...?**	uêr aar
¿Cuándo?	**When?**	uên
¿Qué?	**What?**	uat
¿Cómo?	**How?**	hau
¿Cuánto?	**How much?**	hau möch
¿Cuántos?	**How many?**	hau mêni
¿Quién?	**Who?**	huu
¿Por qué?	**Why?**	uai
¿Cuál?	**Which?**	uich
¿Cómo se llama esto?	**What do you call this?**	uat du yu kool ðiss
¿Cómo se llama eso?	**What do you call that?**	uat du yu kool ðæt
¿Qué quiere decir esto?	**What does this mean?**	uat dös ðiss miin
¿Qué quiere decir eso?	**What does that mean?**	uat dös ðæt miin

¿ Habla usted...?

¿Habla Vd. inglés?	**Do you speak English?**	du yu sspiik ingghliʃ
¿Habla Vd. alemán?	**Do you speak German?**	du yu sspiik dzöörmön
¿Habla Vd. francés?	**Do you speak French?**	du yu sspiik frênch
¿Habla Vd. español?	**Do you speak Spanish?**	du yu sspiik spæniʃ
¿Habla Vd. italiano?	**Do you speak Italian?**	du yu sspiik itæliön
¿Puede Vd. hablar más despacio, por favor?	**Could you speak more slowly, please?**	kud yu sspiik moor.sslôôli pliis
Por favor, señale la frase en el libro.	**Please point to the phrase in the book.**	pliis point tu ðö freis in ðö buk

Un momento. Veré si lo puedo encontrar en este libro.	**Just a minute. I'll see if I can find it in this book.**	dʒösst ö minöt. ail ssii if ai kæn faind it in ðiss buk
Comprendo.	**I understand.**	ai öndörsstænd
No comprendo.	**I don't understand.**	ai dôônt öndörsstænd

¿Poder...?

¿Puede darme ...?	**Can I have...?**	kæn ai hæv
¿Puede darnos ...?	**Can we have...?**	kæn ui hæv
¿Puede Vd. enseñarme...?	**Can you show me...?**	kæn yu ʃôô mi
¿Puede Vd. decirme ...?	**Can you tell me...?**	kæn yu têl mi
¿Puede Vd. ayudarme, por favor?	**Can you help me, please?**	kæn yu hêlp mi pliis

Deseos

Quisiera ...	**I'd like...**	aid laik
Quisiéramos ...	**We'd like...**	uiid laik
Por favor, déme ...	**Please give me...**	pliis ghiv mi
Démelo, por favor.	**Give it to me, please.**	ghiv it tu mi pliis
Por favor, tráigame ...	**Please, bring me...**	pliis bring mi
Tráigamelo, por favor.	**Bring it to me, please.**	bring it tu mi pliis
Tengo hambre.	**I'm hungry.**	aim höngghri
Tengo sed.	**I'm thirsty.**	aim zöörssti
Estoy cansado.	**I'm tired.**	aim taird
Me he perdido.	**I'm lost.**	aim losst
Es importante.	**It's important.**	itss impoortönt
Es urgente.	**It's urgent.**	itss öördʒönt
¡Dése prisa!	**Hurry up!**	hööri öp

Es/Está/Hay...

Es ...	It is/It's...	it is/itss
¿Es ...?	Is it...?	is it
No es ...	It isn't...	it isönt
Hay ...	There is/There are...	ðêr is/ðêr aar
¿Hay ...?	Is there/Are there...?	is ðêr/aar ðêr
No hay ...	There isn't/There aren't...	ðêr isönt/ðêr aarnt
No hay ninguno.	There isn't any/There aren't any.	ðêr isönt êni/ðêr aarnt êni

EXPRESIONES GENERALES

Algunas palabras frecuentes

grande/pequeño	**big/small**	bigh/ssmool
rápido/lento	**quick/slow**	kuik/sslôô
temprano/tarde	**early/late**	öörli/leit
barato/caro	**cheap/expensive**	chiip/iksspênssiv
cerca/lejos	**near/far**	niir/faar
caliente/frío	**hot/cold**	hat/kôôld
lleno/vacío	**full/empty**	ful/êmpti
fácil/difícil	**easy/difficult**	iisi/difikölt
pesado/ligero	**heavy/light**	hêvi/lait
abierto/cerrado	**open/shut**	ôôpon/ʃot
correcto/incorrecto	**right/wrong**	rait/rong
viejo/nuevo	**old/new**	ôôld/nuu
anciano/joven	**old/young**	ôôld/yöng
bonito/feo	**beautiful/ugly**	byuutiföl/öghli
bueno/malo	**good/bad**	ghud/bæd
mejor/peor	**better/worse**	bêtör/uöörss

Algunas preposiciones y otras palabras útiles

a	**at**	æt
sobre	**on**	an
en	**in**	in
para	**to**	tu
desde	**from**	fröm
dentro	**inside**	in**ssaid**
fuera	**outside**	auts**said**
arriba	**up**	öp
abajo	**down**	daun
antes	**before**	bifoor
después	**after**	æftör
con	**with**	uið
sin	**without**	uiðaut
a través	**through**	zruu
hacia	**towards**	toords
hasta	**until**	öntil
durante	**during**	duuring
y	**and**	ænd
o	**or**	oor
no	**not**	nat
nada	**nothing**	nözing
ninguno	**none**	nön
muy	**very**	vêri
también	**also**	oolssôô
pronto	**soon**	ssuun
tal vez	**perhaps**	pörhæpss
aquí	**here**	hiir
allí	**there**	ðêr
ahora	**now**	nau
entonces	**then**	ðên

Una gramática muy básica...

... es decir, lo esencial de la gramática inglesa. Las únicas formas verbales empleadas son el infinitivo, el imperativo y el presente, ciertamente las que más necesitará durante su viaje. Pero el mejor medio de aprender el idioma es escuchando y practicando. El uso de las frases de este libro le dará amplia oportunidad para ello.

El artículo

El artículo indeterminado tiene dos formas: **a** se usa cuando precede a sonidos consonantes, **an** antes de sonidos vocales.

a coat	un abrigo
an umbrella	un paraguas
an hour	una hora

El artículo determinado tiene una sola forma: **the**.

the room, the rooms	la habitación, las habitaciones

Some indica una cantidad o un número indefinido. Se usa antes de nombres innumerables en singular y delante de sustantivos en plural. Equivale al partitivo «un poco de, algo de».

I'd like some coffee, please.	Quisiera un poco de café, por favor.
Please bring me some cigarettes.	Tráigame cigarrillos, por favor.

Any se emplea en frases negativas y varios tipos de interrogativas.

There isn't any soap.	No hay jabón.
Do you have any stamps?	¿Tiene sellos?
Is there any mail for me?	¿Hay correspondencia para mí?

El nombre

Plurales

El plural de la mayoría de los nombres se forma añadiendo **-(e)s** al singular.

cup - cups	taza - tazas
dress - dresses	vestido - vestidos

Nota: Los nombres terminados en **-y** prededida por una consonante forman el plural con la terminación **-ies**; pero si la «y» va después de una vocal entonces el plural no cambia.

lady - ladies	dama - damas
key - keys	llave - llaves

He aquí algunos plurales irregulares:

man - men	hombre - hombres
woman - women	mujer - mujeres
child - children	niño - niños
foot - feet	pie - pies
tooth - teeth	diente - dientes

El complemento del nombre (genitivo)

1er caso. El poseedor es una persona: si el nombre no termina en **-s** se añade **'s**.

the boy's room	la habitación del niño
Anne's dress	el vestido de Ana
the children's clothes	las ropas de los niños

Si el nombre termina en **'s** se añade el apóstrofe (').

the boys' rooms	las habitaciones de los niños

2º caso. El poseedor no es una persona: se emplea la preposición **of**:

the key of the door	la llave de la puerta

This/That (este, esta, esto/ese, esa, eso):

This (plural **these**) se refiere a cosas cercanas (en distancia o tiempo).
That (plural **those**) se refiere a cosas más alejadas.

Is this seat taken?	¿Está ocupado este asiento?
That's my seat.	Ese es mi asiento.
Those are not my suitcases.	Esas no son mis maletas.

El adjetivo

Los adjetivos preceden normalmente al nombre.

a large brown suitcase	una gran maleta marrón

GRAMÁTICA

Comparativo y superlativo

El comparativo y superlativo de los adjetivos se puede formar de dos maneras:

1. Añadiendo **-(e)r** y **-(e)st** a los adjetivos monosílabos y a muchos bisílabos.

small - **smaller** - **smallest**
pequeño - más pequeño - el más pequeño
busy - **busier** - **busiest***
ocupado - más ocupado - el más ocupado

2. Los adjetivos de tres o más sílabas y algunos adjetivos de dos sílabas (los que terminan en **-ful** o **-less**, por ejemplo) forman los comparativos y superlativos con las palabras **more** y **most**.

expensive (caro) - **more expensive** - **most expensive**
careful (prudente) - **more careful** - **most careful**

Nótense los siguientes comparativos irregulares:

good	better	best
bad	worse	worst
little	less	least
much many	more	most

El pronombre

		Sujeto	Complemento	Posesivo 1	Posesivo 2
Singular					
1ª persona		**I**	**me**	**my**	**mine**
2ª persona		**you**	**you**	**your**	**yours**
3ª persona	(m.)	**he**	**him**	**his**	**his**
	(f.)	**she**	**her**	**her**	**hers**
	(n.)	**it**	**it**	**its**	—
Plural					
1ª persona		**we**	**us**	**our**	**ours**
2ª persona		**you**	**you**	**your**	**yours**
3ª persona		**they**	**them**	**their**	**theirs**

---

* La «y» se cambia en «i» cuando va precedida de una consonante.

Nota: En inglés no existe el tuteo. Hay una sola forma, **you**, que significa «tú» y «usted». El caso acusativo se usa también para el complemento indirecto y después de las preposiciones:

Give it to me.	Démelo.
He came with you.	El vino contigo (o con Vd.).

La forma 1 del posesivo corresponde a «mi», «tu», «su», etc., y la forma 2 a «el mío», «el tuyo», etc.

Where's my key?	¿Dónde está mi llave?
That's not mine.	Esta no es la mía.

Verbos auxiliares

Les verbos auxiliares juegan un papel esencial. Apréndase el presente de los tres siguientes:

a. **to be** (ser, estar)

	Contracción	Negativo - Contracciones	
I am	I'm		I'm not
you are	you're	you're not	you aren't
he is	he's	he's not	he isn't
she is	she's	she's not	she isn't
it is	it's	it's not	it isn't
we are	we're	we're not	we aren't
they are	they're	they're not	they aren't

Interrogación: **Am I? Is he?**, etc.

Nota: En la conversación diaria, se usan casi siempre las contracciones.

El inglés tiene dos formas del español «hay»: **there is (there's)** antes de un singular, y **there are** antes de un plural.

Negación: **There isn't - There aren't.**
Interrogación: **Is there? - Are there?**

GRAMÁTICA

b. **to have** (haber, tener)

	Contracción		Contracción
I have	I've	it has	it's
you have	you've	we have	we've
he/she has	he's /she's	they have	they've

Negación: **I have not (haven't)**   Interrogación: **Have you? Has he?**

c. **to do** (hacer)

I do, you do, he/she/it does, we do, they do

Negación: **I do not (I don't). He does not (doesn't).**
Interrogacion: **Do you? Does he?**

Todos los verbos auxiliares siguen la misma pauta:

1. la forma negativa añadiendo la negación **not**;
2. la forma interrogativa por inversión del verbo y del sujeto.

Otros verbos

Presente: la misma forma para todas las personas excepto la 3ª del singular. Esta se forma añadiendo **-(e)s** al infinitivo.

	(to) speak	(to) come	(to) go
I	speak	come	go
you	speak	come	go
he/she	speaks	comes	goes
we	speak	come	go
we	speak	come	go
they	speak	come	go

La negación se forma empleando el verbo auxiliar **do/does** + **not** + infinitivo.

We do not (don't) like this hotel.
No nos gusta este hotel.

La interrogación se forma también con el verbo auxiliar **do** + sujeto + infinitivo.

Do you like this?   ¿Le gusta esto?

Presente continuo

Se forma con la parte apropiada del verbo **to be** + el participio presente del verbo conjugado. El participio presente se forma añadiendo **-ing** al infinitivo (suprimiendo la **-e** final cuando la haya). Nótese que el presente continuo se puede usar sólamente con ciertos verbos, puesto que indica una acción o estado que está ocurriendo en el momento del que se habla.

Como **to be** es un verbo auxiliar, la negación se forma con **not**, y la interrogación por inversión de sujeto y verbo.

What are you doing?	¿Qué estás haciendo?
I'm writing a letter.	Estoy escribiendo una carta.

Imperativo

El imperativo (singular y plural) tiene la misma forma que el infinitivo (sin la partícula **to**). La negación se forma con **don't**.

Please bring me some water.	Tráigame agua, por favor.
Don't be late.	No llegue tarde.

Adverbios

Muchos adverbios se forman añadiendo **-ly** al adjetivo.

quick - quickly	rápido - rápidamente
slow - slowly	lento - lentamente

Nótese, sin embargo:

good - well	bueno - bien
fast - fast	veloz - velozmente

La llegada

Ya ha llegado. Ya sea que haya venido por barco o por avión, tiene Vd. que cumplir con las formalidades de pasaporte y aduana. Sin duda ha recibido a bordo una forma de la declaración para la aduana; llenándola antes de desembarcar ahorrará tiempo al llegar (Para el control de aduana si llega en coche, véase pág. 145.)

En caso que tuviera dificultades lingüísticas con el inspector de pasaporte o aduana, diríjase a un representante políglota del Servicio de Turismo de los EEUU (*U.S. Travel Service*), al que encontrará en los principales aeropuertos internacionales.

Control de pasaportes

Aquí está mi pasaporte.	**Here's my passport.**	hiirs mai pæsspoort
Pienso quedarme...	**I'll be staying...**	ail bii ssteiing
unos días	**a few days**	ö fiuu deis
una semana	**a week**	ö uiik
dos semanas	**two weeks**	tuu uiikss
un mes	**a month**	ö mönz
Aún no lo sé.	**I don't know yet.**	ai dôônt nôô yêt
He venido de vacaciones.	**I'm here on vacation.**	aim hiir an vökeiʃön
He venido para negocios.	**I'm here on business.**	aim hiir an **bis**nöss
Estoy sólo de paso.	**I'm just passing through.**	aim dʒösst **pæ**ssing zruu

Si las cosas se complican:

Lo siento, no comprendo.	**I'm sorry, I don't understand.**	aim **ss**ari ai dôônt öndörs**stæ**nd
¿Hay alguien aquí que hable español?	**Is there anyone here who speaks Spanish?**	is ðêr **ê**niuön hiir huu sspiikss ss**pæ**niʃ

Aduana

En el siguiente cuadro se indican los artículos que pueden introducirse con franquicia.*

	Cigarrillos		Puros		Tabaco	Licor		Vino
EEUU	200	ó	50**	ó	2 kg.	1 l	ó	1 l
Canadá	200	y	50	y	400 gr.	1.1 l	ó	1.1 l

En cuanto a productos comestibles, está formalmente prohibido entrar en los Estados Unidos con frutas—incluso una naranja que le hubieran ofrecido en el avión—, verduras o carne. Estos serían confiscados y destruidos como parte de un intenso programa de lucha contra las infecciones.

No tengo nada que declarar.	I've nothing to declare.	aiv nözing tu diklêr
Tengo un/una...	I've a...	aiv ö
cartón de cigarrillos	carton of cigarettes	kaartön öv ssighörêtss
botella de whisky	bottle of whiskey	batöl öv uisski
botella de vino	bottle of wine	batöl öv uain
¿Tengo que pagar por esto?	Do I have to pay on this?	du ai hæv tu pei an ðiss
¿Cuánto?	How much?	hau möch
Es de uso personal.	It's for my personal use.	itss foor mai pöörssönöl yuuss
No es nuevo.	It's not new.	itss nat nuu

* Estas tolerancias pueden cambiar sin previo aviso.

** Los puros y el tabaco de Cuba están prohibidos en los Estados Unidos.

	🖝	🖚
	Your passport, please.	Su pasaporte, por favor.
	Do you have anything to declare?	¿Tiene algo que declarar?
	Please open this bag.	Abra esta bolsa, por favor.
	You'll have to pay duty on this.	Tiene que pagar por esto.
	Do you have any more luggage?	¿Tiene más equipaje?

Equipaje — Mozos

Un mozo puede llevar sus maletas hasta el control de aduanas. Pasada la revisión, otro mozo—en los aeropuertos se les llama *skycaps*—se encargará de ellas.

¡Mozo!	**Porter!**	poortör
Coja estos bultos, por favor.	**Please take these bags.**	pliis teik ðiis bæghs
Ese es mío.	**That's mine.**	ðætss main
Ese...	**That ... one.**	ðæt... uön
grande/pequeño	**big/small**	bigh/ssmool
azul/marrón	**blue/brown**	bluu/braun
negro/escocés	**black/plaid**	blæk/plæd
Falta un bulto.	**There's one piece missing.**	ðêrs uön piiss missing
Lleve estas maletas...	**Take these bags to the...**	teik ðiis bæghs tu ðö
al autobús	**bus**	böss
a la consigna automática	**luggage lockers**	löghidʒ lakörs
al taxi	**cab**	kæb
¿Cuánto cuesta?	**How much is that?**	hau möch is ðæt

Nota: Además de la tarifa estipulada, el mozo siempre espera ser recompensado con una propina.

PARA LAS PROPINAS, véase pág. 1

Cambio de moneda

En la mayoría de los aeropuertos internacionales encontrará Vd. un banco. Si está cerrado no se preocupe, podrá cambiar dinero en su hotel. Sin embargo, el cambio de moneda o cheques europeos no es aún cosa corriente en los EEUU—incluso en Nueva York. O sea que es preferible que lleve algunos dólares o cheques de viajero en dólares hasta que llegue a un banco. Las cartas de crédito internacionales son aceptadas en todos los EEUU.

Más detalles sobre el dinero y el cambio de moneda se dan en pág. 134 a 136.

¿Dónde está la oficina de cambio más cercana?	**Where's the nearest currency exchange?**	uêrs ðö niirösst köörönssi êksscheindʒ
¿Puede Vd. comprarme estos cheques de viajero?	**Can you cash these traveler's checks?**	kæn yu kæf ðiis trævlörs chêkss
Quiero cambiar...	**I want to change some...**	ai uant tu cheindʒ ssöm
pesetas/pesos	**Spanish pesetas/ Mexican pesos**	sspænif pösseitöss/ mêkssikön peissôôss
¿Puede cambiarme ésto en dólares?	**Can you change this into dollars?**	kæn yu cheindʒ ðiss intu dalörs
¿A cómo está el cambio?	**What's the exchange rate?**	uatss ðö êksscheindʒ reit

Direcciones

¿Cómo puedo ir a...?	**How do I get to...?**	hau du ai ghêt tu
¿Dónde está el autobús que va hasta el centro de la ciudad?	**Where's the bus going downtown?**	uêrs ðö böss ghôôing dauntaun
¿Dónde puedo tomar un taxi?	**Where can I get a cab?**	uêr kæn ai ghêt ö kæb
¿Dónde puedo alquilar un coche?	**Where can I rent a car?**	uêr kæn ai rênt ö kaar

PARA LOS NUMEROS, véase pág. 175

Alquiler de coches

Hay una oficina para alquiler de coches en casi todos los aeropuertos, terminales o estaciones. Para alquilar un coche tiene que tener como mínimo 21 años, poseer la licencia de manejar y dejar un depósito—a menos que posea una carta de crédito reconocida en los EEUU.

Quisiera un...	I'd like a...	aid laik ö
coche	car	kaar
coche pequeño	small car	ssmool kaar
coche grande	large car	laardʒ kaar
deportivo	sports car	sspoortss kaar
Lo quiero para...	I'd like it for...	aid laik it foor
un día/cuatro días	a day/four days	ö dei/foor deis
una semana/dos semanas	a week/two weeks	ö uiik/tuu uiikss
¿Cuánto cobran por...	What's the charge per...	uatss ðö chaardʒ pör
día/semana	day/week	dei/uiik
¿Kilometraje incluido?	Does that include mileage?	dös ðæt inkluud mailidʒ
¿Cuánto cobran por una milla?	What's the charge per mile?	uatss ðö chaardʒ pör mail
¿Gasolina incluida?	Is gas included?	is ghæss inkluudöd
Quiero el seguro contra todo riesgo.	I want full insurance.	ai uant ful inʃurönss
¿Qué depósito hay que dejar?	What's the deposit?	uatss ðö dipasöt
Tengo una carta de crédito.	I've a credit card.	aiv ö krĕdöt kaard
Aquí está mi licencia de manejar.	Here's my driver's license.	hiirs mai draivörs laissönss

Nota: En los Estados Unidos se aceptan generalmente los permisos extranjeros de conducir (es decir, se puede manejar con la propia licencia nacional), pero se prefieren los permisos internacionales.

PARA LAS EXCURSIONES, véase pág. 75

Los Angeles Public Library

Sylmar Branch

6/28/2018   12:43:46 PM

- PATRON RECEIPT -
- CHARGES -

1: Item Number: 37244190528910
Title: Pronunciacioì n del ingleì s suì per faì
Due Date: 7/19/2018

2: Item Number: 37244222479660
Title: Ingleì s norteamericano : libro de frases
Due Date: 7/19/2018

3: Item Number: 37244167849091
Title: Ingleì s super faì cil /
Due Date: 7/19/2018

To Renew: www.lapl.org or 888-577-5275

Celebrate LGBTQAI Pride Month
lapl.org/lgbt

--Please retain this slip as your receipt--

Taxis

Los taxis aparcan delante de los aeropuertos, estaciones de ferrocarril y terminales de autobuses; los puede coger también en la calle o llamarlos por teléfono (consulte las páginas amarillas de la guía telefónica bajo la rúbrica *Taxi-cabs*).

¿Dónde puedo encontrar un taxi?	**Where can I get a cab?**	uêr kæn ai ghêt ö kæb
Búsqueme un taxi, por favor.	**Please get me a cab.**	pliis ghêt mi ö kæb
¿Cuál es la tarifa hasta...?	**What's the fare to...?**	uatss ðö fêr tu
¿Qué distancia hay hasta...?	**How far is it to...?**	hau faar is it tu
Lléveme a...	**Take me...**	teik mi
esta dirección	**to this address**	tu ðiss ödrêss
al centro de la ciudad	**downtown**	dauntaun
al hotel...	**to the ... Hotel**	tu ðö... hôôtêl
al aeropuerto	**to the airport**	tu ði êrpoort
a la estación de ferrocarril/ de autobuses	**to the railroad station/bus station**	tu ðö reilrôôd ssteiʃön/böss ssteiʃön
Gire ... en la próxima esquina.	**Turn ... at the next corner.**	töörn... æt ðö nêksst koornör
a la izquierda/derecha	**left/right**	lêft/rait
Siga derecho.	**Go straight ahead.**	ghôô sstreit öhêd
Pare aquí, por favor.	**Please stop here.**	pliis sstap hiir
Tengo prisa.	**I'm in a hurry.**	aim in ö hööri
¿Podría conducir más despacio?	**Could you drive more slowly?**	kud yu draiv moor sslôôli
¿Puede ayudarme a llevar mi equipaje?	**Could you help me carry my bags?**	kud yu hêlp mi kæri mai bæghs

LLEGADA

PARA LAS PROPINAS, véase pág. 1

Hotel —Otros alojamientos

Hotel (hôôtêl). Algunas oficinas de turismo y grandes cadenas hoteleras poseen números de teléfono, a los que se puede llamar gratuitamente para reservar. Otros grupos de hoteles disponen de un servicio de reserva inter-hotel: el empleado de la recepción se ocupa de reservarle habitación en la próxima ciudad de su itinerario. Una habitación de hotel en los EEUU dispone normalmente de dos camas separadas, por lo menos un teléfono, un cuarto de baño espacioso, un televisor, un sistema de calefacción y aire acondicionado graduable, un closet, lo necesario para escribir, amplia instalación eléctrica y agua potable (a veces helada), un sacacorchos y una Biblia. Quizás le sea agradable descubrir otros objetos prácticos instalados en su habitación. Las comidas nunca están incluídas en el precio de la habitación— excepto en hoteles de estaciones balnearias. No existe una clasificación oficial de hoteles.

Motel (môôtêl). La palabra deriva de *motor* y *hotel*. Innovación americana, el motel es cómodo y económico para el automovilista. También se les llama *motor inns*, *motor lodges* o *motor hotels*. Generalmente, el motel es un edificio alargado de un sólo piso que se encuentra en el límite de la ciudad. Un letrero luminoso indica *vacancy* (habitaciones libres) o *no vacancy* (completo). Basta con estacionar el coche, pagar por adelantado e instalarse. No hay formalidades de salida. Los moteles son generalmente informales, aunque algunos de lujo no tienen nada que envidiar a hoteles de primera clase. Mientras algunos no disponen de restaurante, portero ni teléfono en las habitaciones, a menudo los hay con piscina, espacios para jugar, perrera y otros extras que lo convierten en un lugar agradable. Durante la temporada de turismo los moteles se llenan rápidamente, por lo tanto, es preferible buscar uno antes de que caiga la tarde o reservar con anticipación.

Tourist homes, farms, ranches (tuurösst hôôms, faarms, rænchös). Si viaja por autopistas secundarias no le será difícil encontrar pensiones en pequeñas ciudades. Las habitaciones son generalmente pequeñas pero limpias, con sólo un cuarto de baño para todo el piso. Granjas y ranchos también ofrecen alojamiento, algunas veces para una o dos noches.

Youth hostels (yuuz **hass**töls). Si es Vd. miembro de una asociación de albergues para jóvenes, podrá hacer uso de las facilidades de los *American Youth Hostels*—o hacerse miembro en cuanto llegue a uno de ellos. Incluso los matrimonios con niños son bienvenidos. Sólo hay unos 100 albergues en todos los EEUU, y raramente en una gran ciudad. Todo es muy sencillo y existe una cocina comunitaria.

YMCA/YWCA (uai-êm-ssii-ei/uai-**dö**bölyuu-ssi-ei). Casi todos los edificos de la *Young Men's* (y *Women's*) *Christian Association* (Asociación de Jóvenes Cristianos) ofrecen alojamiento muy económico, y casi siempre están situados en el centro de las ciudades. Hay segregación de sexos, pero los huéspedes pueden hacer uso del gimnasio, la piscina o de otras facilidades de recreo.

A través de las páginas que siguen hemos considerado sus necesidades—paso a paso—desde la llegada hasta la salida del hotel. No necesita leerlo todo, basta con buscar la situación en la que se encuentra.

Recepción

Me llamo...	**My name is...**	mai neim is
He hecho una reservación.	**I've a reservation.**	aiv ö rêsörvei∫on
Hemos reservado dos habitaciones, una sencilla y una doble.	**We've reserved two rooms, a single and a double.**	uiiv risöörvd tuu ruums ö ssingghöl ænd ö döböl
Le escribí el mes pasado.	**I wrote to you last month.**	ai rôôt tu yu læsst mönz
Esta es la confirmación.	**Here's the confirmation.**	hiirs ðö kanförmei∫on

Quisiera una...	**I'd like a...**	aid laik ö
habitación sencilla	**single room**	ssingghöl ruum
habitación doble	**double room**	döböl ruum
habitación de dos camas	**room with twin beds**	ruum uiz tuin bêds
habitación con baño	**room with a bath**	ruum uiz ö bæz
habitación con ducha	**room with a shower**	ruum uiz ö ʃauör
habitación con balcón	**room with a balcony**	ruum uiz ö bælköni
habitación con vista	**room with a view**	ruum uiz ö vyuu
suite	**suite**	ssuiit
Quisiéramos una habitación...	**We'd like a room...**	uiid laik ö ruum
con vista al frente	**in the front**	in ðö frönt
con vista hacia atrás	**at the back**	æt ðö bæk
que dé al océano	**facing the ocean**	feissing ðii ôôʃön
Que haya tranquilidad.	**It must be quiet.**	it möst bii kuaiöt
¿Hay...?	**Is there...?**	is ðêr
aire acondicionado	**air conditioning**	êr köndiʃöning
radio/televisor en la habitación	**a radio/television in the room**	ö reidiôô/têlöviʒön in ðö ruum
servicio de lavandería	**laundry service**	loondri ssöörvöss
servicio de cuarto	**room service**	ruum ssöörvöss
baño particular	**a private toilet**	ö praivöt toilöt

Cuánto es...?

¿Cuál es el precio...?	**What's the price...?**	uatss ðö praiss
por semana	**per week**	pör uiik
por noche	**per night**	pör nait
por dormir y desayunar	**for bed and breakfast**	foor bêd ænd brêkfösst
sólo por dormir	**European plan**	yurôpiiön plæn
pensión completa	**American plan**	ömêrikön plæn
semi-pensión	**modified American plan**	madöfaid ömêrökön plæn
¿Está incluído el impuesto de venta?	**Does that include sales tax?**	dös ðæt inkluud sseils tækss
¿Hacen reducción a los niños?	**Is there any reduction for children?**	is ðêr êni ridökʃön foor childrön

PARA LOS NUMEROS, véase pág. 175

¿Cuánto tiempo?

Vamos a quedarnos...	We'll be staying...	uiil bii ssteiing
sólo una noche	overnight only	ôôvörnait ôônli
unos días	a few days	ö fyuu deis
una semana (por lo menos)	a week (at least)	ö uiik (æt liisst)
No lo sé aún.	I don't know yet.	ai dôônt nôô yêt

Diciendo

¿Puedo ver la habitación?	May I see the room?	mei ai ssii ðö ruum
No, no me gusta.	No, I don't like it.	nôô ai dôônt laik it
Es demasiado...	It's too...	itss tuu
fría/caliente	cold/hot	kôôld/hat
oscura/pequeña	dark/small	daark/ssmool
ruidosa	noisy	noisi
Pedí una habitación con baño.	I asked for a room with a bath.	ai æsskt foor ö ruum uiz ö bæz
¿Tiene algo...?	Do you have anything...?	du yu hæv ênizing
mejor/mayor	better/bigger	bêtör/bighör
más barato/más tranquilo	cheaper/quieter	chiipör/kuaiötör
más arriba/más abajo	higher up/lower down	haiör öp/lôôör daun
¿Tiene una habitación con mejor vista?	Do you have a room with a better view?	du yu hæv ö ruum uiz ö bêtör vyuu
Esta está bien. La tomo.	That's fine. I'll take it.	ðætss fain. ail teik it

HOTEL

La cuenta

En los hoteles se paga generalmente cada semana, o al marcharse si se queda menos de una semana. Sin embargo, en los moteles se paga por anticipado, y así puede marcharse cuando lo desee. Hoteles y moteles ofrecen descuento para los niños, e incluso instalan una camita suplementaria sin cargo extra.

PARA LOS DIAS DE LA SEMANA, véase pág. 180

Propinas

En los Estados Unidos el servicio no está incluido en la cuenta, pero puede existir un impuesto de la ciudad o del Estado, o ambos a la vez.

Dé una propina al mozo que lleva su equipaje a la habitación e igualmente al botones que le hace algún servicio; por eso le conviene tener a mano algunas monedas. Para una información más completa, consulte la página 1.

Registro

A su llegada al hotel le harán que llene una ficha de inscripción, (*registration form*), o le pedirán que firme en el registro del hotel con su nombre y dirección. Esta forma de inscribirse es mucho menos oficial que las europeas, pero los formularios sólo están impresos en inglés. Si hay algo que no comprende, pregunte al *desk clerk* (dêssk klöörk—recepcionista):

| ¿Qué significa esto? | **What does this mean?** | uat dös ðiss miin |

Hay pocas probabilidades de que le pidan su pasaporte o documento de identidad; desde este punto de vista hay menos restricciones. El recepcionista quizás le pregunte:

Would you mind filling in this registration form?	¿Quiere llenar esta ficha de inscripción?
Please sign here.	Firme aquí, por favor.
How long will you be staying?	¿Cuánto tiempo piensa quedarse?

| ¿Cuál es el número de mi habitación? | **What's my room number?** | uatss mai ruum **nömbör** |
| ¿Puede ordenar que suban nuestro equipaje? | **Will you have our bags sent up?** | uil yu hæv aur bæghs ssênt öp |

PARA LAS PROPINAS, véase pág. 1

HOTEL

Servicio, por favor

botones	**bellboy**	**bêl**boi
camarera	**waitress**	**ueit**röss
camarero	**waiter**	**uei**tör
criado	**room service**	ruum **ssöör**võss
gerente	**manager**	**mæn**öd3ör
muchacha de servicio	**maid**	meid
portero	**porter**	**poor**tör
telefonista	**switchboard operator**	**ssuich**boord **apö**reitör

Cuando quiera pedir un servicio, diríjase a una joven llamándola *miss* (señorita) o a una de más edad *madam* (**mæ**döm) o *m'am* (mœm—señora). Una forma educada de pedir algo es empleando *excuse me* (iks**skyuus** mi—disculpe) antes de lo que desea. Nunca se emplea *sir* (ssöör—señor) para un empleado varón; basta con el título de su función— *waiter*, *porter* (**uei**tör, **poor**tör) etc.

Peticiones generales

¿Quién es?	**Who is it?**	huu is it
Un momento.	**Just a minute.**	d3össt ö **mi**nöt
¡Adelante!	**Come in!**	köm in
La puerta está abierta.	**The door's open.**	ðö doors **ôô**pön
¿Hay cuarto de baño en este piso?	**Is there a bath on this floor?**	is ðêr ö bæz an ðiss floor
¿Cómo funciona esta ducha?	**How does this shower work?**	hau dös ðiss ʃauör uöörk
¿Dónde está el enchufe para la máquina de afeitar?	**Where's the plug for the shaver?**	uêrs ðö plögh foor ðö ʃeivör
¿Podemos tomar el desayuno en la habitación?	**Can we have breakfast in our room?**	kæn ui hæv **brêk**fösst in aur ruum
Quisiera dejar esto en su caja de caudales.	**I'd like to leave these in your safe.**	aid laik tu liiv ðiis in yoor sseif

RING FOR SERVICE
LLAMADA PARA EMPLEADO

¿Puede darme...?	May I have...?	mei ai hæv
otra almohada	an extra pillow	ön **êksströ pilôô**
cenicero	an ashtray	ön **æftrei**
cubitos de hielo	some ice cubes	ssöm aiss kiuubs
ganchos	some hangers	ssöm **hæng**örs
jabón	some soap	ssöm ssôôp
lamparita de noche	a reading lamp	ö **riiding** læmp
otra manta	an extra blanket	ön **êks**strö **blæn**köt
papel de cartas	some writing paper	ssöm **raiting peip**ör
sobres	some envelopes	ssöm **ên**völôôpss
toalla de baño	a bath towel	ö bæz **tau**öl

¿Dónde está el/la...?	Where's the...?	uêrs ðö
cuarto de baño	bathroom	**bæz**ruum
comedor	dining room	**dain**ing ruum
peluquería	barber shop	**baarb**ör ʃap
restaurante	restaurant	**rêss**töront
sala de televisión	television room	**te**löviʒön ruum
salón de belleza	beauty salon	**byuu**ti ssölan
servicio	restroom	**rêss**truum

Desayuno

El desayuno americano consiste en jugo de fruta, huevos fritos con jamón, tocino o salchichas, tostadas con *hot cakes* (panqueques) o *waffles* (especie de barquillos) servidos con mantequilla y jarabe de maíz o de arce.

Tomaré...	I'll have...	ail hæv
cereal	some cereal	ssöm **ssiiri**öl
caliente/frío	hot/cold	hat/kôôld
confitura	some jam	ssöm dʒæm
donut	some donuts	ssöm **dôô**nötss
especie de barquillos	some waffles	ssöm **uaf**öls
hojuelas (panqueques)	some pancakes	ssöm **pæn**keikss
huevos	some eggs	ssöm êghs
huevos fritos	fried eggs*	fraid êghs

* Le preguntarán si desea sus huevos fritos *sunny side up* (**ssö**ni ssaid öp —fritos sólo de un lado, con la yema hacia arriba), *over* (**ôô**vör —fritos de ambos lados) u *over up* (**ôô**vör öp —fritos ligeramente de ambos lados y servidos con la yema hacia arriba).

huevo pasado por agua	**boiled egg**	boild êgh
huevos revueltos	**scrambled eggs**	sskræmböld êghs
huevos con jamón	**some ham and eggs**	ssöm hæm ænd êghs
jugo de fruta	**some fruit juice**	ssöm fruut dʒuuss
toronja/naranja	**grapefruit/orange**	ghreipfruut/oröndʒ
piña/tomate	**pineapple/tomato**	painæpöl/tömeitôô
repostería danesa	**some sweet rolls/a Danish**	ssöm ssuiit rôôls/ö deiniʃ
salchichas de cerdo	**some pork sausages**	ssöm poork ssoossidʒös
tocino y huevos	**some bacon and eggs**	ssöm beikön ænd êghs
tortilla	**an omelet**	ön amlöt
tostadas	**some toast**	ssöm tôôsst
yogur	**some yoghurt**	ssöm yôôghört
¿Puede darme...?	**May I have some...?**	mei ai hæv ssöm
agua caliente	**hot water**	hat uatör
café/té	**coffee/tea**	kafi/tii
chocolate	**chocolate**	chaklöt
leche caliente/fría	**hot/cold milk**	hat/kôôld milk
limón/miel	**lemon/honey**	lêmön/höni
mantequilla	**butter**	bötör
nata/azúcar	**cream/sugar**	kriim/ʃughör
pan/bollitos	**bread/rolls**	brêd/rôôls
sal/pimienta	**salt/pepper**	ssoolt/pêpör
¿Puede Vd. traerme...?	**Could you bring me a...?**	kud yu bring mi ö
cuchara	**spoon**	sspuun
cuchillo/tenedor	**knife/fork**	naif/foork
plato	**plate**	pleit
vaso/taza	**glass/cup**	ghlæss/köp

Dificultades

El/La ... no funciona.	**The ... doesn't work.**	ðö... dösönt uöörk
aeración	**ventilator**	vêntöleitör
aire acondicionado	**air-conditioner**	êr köndiʃönör
calefacción	**heating**	hiiting
grifo	**tap**	tæp
luz	**light**	lait
radio/televisor	**radio/television**	reidiôô/têlöviʒön
refrigerador	**refrigerator**	rifridʒöreitör
servicio	**toilet**	toilöt
ventilador	**fan**	fæn

HOTEL — SERVICIO

El lavabo está atascado.	The wash basin is clogged.	ðö ouʃ beissön is klaghd
La ventana está atascada.	The window is jammed.	ðö uindôô is dʒæmd
La persiana está atascada.	The blind is stuck.	ðö blaind is sstök
Estos no son mis zapatos.	These aren't my shoes.	ðiis aarnt mai ʃuus
Esta no es mi ropa (colada).	This isn't my laundry.	ðiss isönt mai loondri
No hay agua caliente.	There's no hot water.	ðêrs nôô hat uatör
He perdido mi reloj.	I've lost my watch.	aiv losst mai uach
He dejado la llave en mi habitación.	I've left my key in my room.	aiv lêft mai kii in mai ruum
El/La ... está roto/-a.	The ... is broken.	ðö ... is brôôkön
bombilla	bulb	bölb
lámpara	lamp	læmp
enchufe	plug	plögh
interruptor	switch	ssuich
persiana	venetian blind	vöniiʃön blaind
toldo que se encuentra al interior de la ventana	window shade	uindôô ʃeid
¿Puede Vd. arreglarlo?	Can you get it fixed?	kæn yu ghêt it fiksst

Teléfono —Correo —Visitas

¿Me da el 822-123-4567 de Atlanta?	Can you get me Atlanta 822-123-4567?	kæn yu ghêt mi ætlæntö 822-123-4567
¿Me ha telefoneado alguien?	Did anyone telephone me?	did êniuön têlöfôôn mi
¿Tiene Vd. sellos?	Do you have any stamps?	du yu hæv êni sstæmpss
¿Puede echarme esto al correo, por favor?	Would you please mail this for me?	uud yu pliis meil ðiss foor mi
¿Hay algún recado para mí?	Are there any messages for me?	aar ðêr êni mêssidʒös foor mi

PARA CORREOS Y TELEFONOS, véase pág. 137-141

Al marcharse

¿Me da la cuenta, por favor?	May I please have my bill?	mei ai pliis hæv mai bil
Me marcho mañana temprano. Tenga mi cuenta preparada, por favor.	I'm leaving early tomorrow. Please have my bill ready.	aim liiving öörli tömarôô. pliis hæv mai bil rêdi
Nos marcharemos alrededor de mediodía/dentro de poco.	We'll be checking out around noon/soon.	uill bii chêking aut öraund nuun/ssuun
Tengo que marcharme immediatamente.	I must leave at once.	ai mösst liiv æt uönss
¿Está todo incluído?	Is everything included?	is êvrizing inkluudöd
Creo que se ha equivocado en la cuenta.	You've made a mistake in this bill, I think.	yuv meid ö missteik in ðiss bil ai zink
¿Puede conseguirnos un taxi?	Can you get us a cab?	kæn yu ghêt öss ö kæb
¿A qué hora es el próximo... para Chicago?	When's the next... to Chicago?	uêns ðö nêksst... tu ʃikaaghôô
autobús/tren/avión	bus/train/plane	böss/trein/plein
¿Quiere mandar a alguien para bajar el equipaje?	Would you send someone to bring down our baggage?	uud yu ssênd ssömuön tu bring daun aur bæghidʒ
Tenemos mucha prisa.	We're in a great hurry.	uiir in ö ghreit hööri
Remita mis cartas a esta dirección.	Here's the forwarding address.	hiirs ðö fooruörding ödrêss
La dirección de mi casa ya la tiene.	You have my home address.	yu hæv mai hôôm ödrêss
Ha sido una estancia muy agradable.	It's been a very enjoyable stay.	itss bin ö vêri indʒoiöböl sstei
Esperamos volver otra vez.	I hope we'll come again sometime.	ai hôôp uill köm öghên ssömtaim

PARA TAXIS, véase pág. 27

En el Restaurante

Es extraño que se pueda ver el menú de un restaurante desde la calle, pero otros establecimientos colocan grandes anuncios en el escaparate con sus especialidades y el precio. No existe una clasificación oficial de restaurantes en los EEUU.

Restaurants (rêsstöröntss). Sin duda, su hotel dispone de un comedor, pero las comidas corren el riesgo de ser más bien caras y con poca imaginación. En grandes ciudades encontrará una amplia selección de restaurantes, incluyendo los étnicos. La mayoría de ellos cobran precios moderados y sirven comidas deliciosas, procedentes a veces de lugares exóticos.

Counter restaurants (kauntör **rêss**töröntss). Existen innumerables de restaurantes de este tipo, en los cuales se puede comer una gran variedad de bocadillos y hamburguesas, así como un número limitado de comidas completas. En algunos verá el signo de *counter service* (servicio en la barra) en donde se le sirven más rápidamente. También hay *counter restaurants* en drugstores, grandes almacenes, *five-and-ten-cent* y en terminales aéreas y estaciones de tren y autobús. Algunos incluso sirven de día y de noche.

Cafeterías (kæfötiiryös). Son restaurantes en los que se sirve Vd. mismo y cuyas comidas son normalmente de precios muy moderados.

Coffee shops (kafi ʃapss). Estos abundan a través de todo el país. Como su nombre lo indica, preparan café muy aceptable y sirven tambien desayunos y comidas frías; algunos incluso ofrecen comidas a precios moderados.

Delicatessens (dêlikö**tê**ssöns). Son una mezcla de salchichonería (charcutería), fonda o casa de comidas de encargo y en donde podrá encontrar salchichas y embutidos, ensaladas y salsas picantes, carnes saladas o ahumadas; se les llama también *delly* (diminutivo). Allí conseguirá bocadillos bien rellenos de lo que desee. Algunos *delicatessens* tienen barra y servicio de mesa, pero todos ellos están preparados para *carry-outs* o *take-outs* (comidas que uno se lleva a casa).

Drive-ins (draivins). Otra invención americana, en los cuales se conduce el coche hasta lo que parece una zona de estacionamiento con un pequeño edificio en el centro. Algunos *drive-ins* tienen especialidades a base de leche, hamburguesas o pollo, mientras que otros ofrecen comidas frías o completas. En los *drive-ins* más recientes el menú está colgado de un poste al lado de su coche. En cuanto haya decidido lo que quiere comer pídalo a través de un micrófono que está a su alcance, y al cabo de un momento, una joven camarera de uniforme (llamada *carhop*) le traerá lo que ha pedido en una bandeja que se adapta a la ventanilla del coche.

Bars, taverns (baars, tævörns). La mayoría de estos ofrecen comidas copiosas a precios muy bajos. Los clientes—la mayoría hombres—acompañan la comida con grandes cantidades de licor o cerveza.

¡Es hora de comer!

El almuerzo, llamado *lunch*, *luncheon* o *dinner* (lönch, **lön**chön, **di**nòr), se sirve generalmente de las 11 a las 2 de la tarde. La cena, llamada *dinner* o *supper* (**ssö**pör), se sirve normalmente de 6 a 9.

What would you like?	¿Qué desea?
I recommend this.	Le recomiendo esto.
What would you like to drink?	¿Qué desea beber?
We don't have...	No tenemos ...
Do you want...?	¿Desea ...?

PARA EL DESAYUNO, véase pág. 34

RESTAURANTE

Cómo se come

Cuando el camarero se acerque a su mesa, es muy probable que traiga el menú en una mano y un vaso de agua fresca en la otra. Con todas las comidas le servirán pan y mantequilla sin suplemento. Encontrará que el servicio es generalmente más rápido y eficiente—pero al mismo tiempo menos holgado que en los países europeos. Los comensales no se demoran, especialmente en lugares muy concurridos y conocidos, donde otros clientes pueden estar esperando para sentarse.

Los extranjeros se asustan a veces al ver el consumo sin límite que hacen los americanos del *ketchup*—en papas fritas, biftecs, huevos fritos, verduras, hamburguesas, hotdogs, etc. El *ketchup* o *catsup* es, sin duda alguna, el condimento más empleado en América.

Aquellos que creían que la cocina americana consistía en su mayoría en hamburguesas y hotdogs, se llevarán una sorpresa. Cada grupo étnico ha contribuido con su propio aroma, a aumentar el patrimonio gastronómico americano. A pesar de que una expresión americana dice que algo es «tan americano como una torta de manzana» («as American as apple pie»), también se puede considerar americano el *borscht*, *chop suey*, *chili con carne*, *coq-au-vin*, *pizza*, *spaghetti* o *wiener schnitzel*. Ya que éstas, y muchas otras preparaciones culinarias, han sido adoptadas por los americanos.

Ningún turista debería marcharse de los EEUU sin haber probado alguna especialidad regional. Aunque no es típicamente americana, la comida de los Estados del Sur («Southern») es de las más originales de América del Norte.

No le será difícil encontrar comidas criollas en Luisana, y especialmente cerca de Nueva Orleans. Este tipo de comidas empezó a la par con la colonización de Luisana; consiste en una mezcla sabrosa de cocina inglesa, francesa, española, de las tribus indias Chicksaw y Choctaw, así como de la de los esclavos africanos y de las Antillas.

¿ Hambriento?

Tengo hambre/sed.	**I'm hungry/I'm thirsty.**	aim höngghri/aim zöörssti
¿Puede aconsejarnos un buen restaurante?	**Can you recommend a good restaurant?**	kæn yu rêkömênd ö ghud rêsstörö't
¿Hay restaurantes no muy caros cerca de aquí?	**Are there any inexpensive restaurants around here?**	aar ðêr êni iniksspênssiv rêsstörö'ntss öraund hiir
Deseo reservar una mesa para. 4.	**I'd like to reserve a table for 4.**	aid laik tu risöörv ö teiböl foor 4
Vendremos a las 8.	**We'll come at 8.**	uiil köm æt 8

Preguntando y pidiendo

Buenas tardes/noches. Deseamos una mesa para 3.	**Good evening. I'd like a table for 3.**	ghud iivning. aid laik ö teiböl foor 3
¿Puede darnos una...?	**Could we have a...?**	kud ui haev ö
mesa en un rincón	**table in the corner**	teiböl in ðö koornör
mesa al lado de la ventana	**table by the window**	teiböl bai ðö uindôô
mesa fuera	**table outside**	teiböl autssaid
¿Dónde está el lavabo para caballeros/señoras?	**Where is the men's room/powder room?**	uêr is ðö mêns ruum/ paudör ruum
¿Puedo ver la carta, por favor?	**May I please have the menu?**	mei ai pliis hæv ðö mênyuu
¿Qué es esto?	**What's this?**	uatss ðiss
¿Podría traernos un/una...?	**Could we please have...?**	kud ui pliis hæv
cenicero	**an ashtray**	ön æ∫trei
cuchara	**a spoon**	ö sspuun
cuchillo	**a knife**	ö naif
otra silla	**another chair**	önöðör chêr
palillo	**a toothpick**	ö tuuzpik
plato	**a plate**	ö pleit
servilleta	**a napkin**	ö næpkön
vaso	**a glass**	ö ghlæss

Quisiera un/una ...	I'd like	aid laik
aceite	some oil	ssöm oil
agua (mineral)	some (mineral) water	ssöm (minröl) uatör
arroz	some rice	ssöm raiss
ave (de corral)	some fowl	ssöm faul
azúcar	some sugar	ssöm ʃugör
café	some coffee	ssöm kafi
carne	some meat	ssöm miit
ensalada	some salad	ssöm ssælöd
entremés	an appetizer	ön æpötaisör
fruta	some fruit	ssöm fruut
helado	some ice-cream	ssöm aisskriim
leche	some milk	ssöm milk
limón	some lemon	ssöm lêmön
mantequilla	some butter	ssöm bötör
mariscos	some seafood	ssöm ssifuud
mostaza	some mustard	ssöm mösstörd
pan	some bread	ssöm brêd
panecillos	some rolls	ssöm rôôls
papas	some potatoes	ssöm pöteitôôs
papas fritas	some french fries	ssöm frênch frais
pescado	some fish	ssöm fiʃ
pimienta	some pepper	ssöm pêpör
postre	some dessert	ssöm disöört
queso	some cheese	ssöm chiis
sal	some salt	ssöm ssoolt
salsa de tomate	some ketchup	ssöm kêchöp
sopa	some soup	ssöm ssuup
té	some tea	ssöm tii
verdura	some vegetables	ssöm vêdʒtöböls
vinagre	some vinegar	ssöm vinigör
vino	some wine	ssöm uain

Nota: Si su ración de filete o pollo, por ejemplo, resulta ser mayor que su apetito, en muchos restaurantes puede pedir una *doggie bag* (**do**ghi bægh—bolsa para el perro). Nadie supone en realidad que piensa darlo al perro ya que se puede comer como fiambre al día siguiente.

¿Qué hay en el menú?

Nuestro menú está presentado según el orden de platos. Bajo cada encabezado encontrará una lista por orden alfabético de los platos que podrá encontrar en un menú americano, con su equivalencia en español. También puede enseñar el libro al camarero. Si por ejemplo desea una fruta enséñele la lista apropiada y así él podrá indicarle las que tiene para elegir. Emplee las páginas 41 y 42 para las generalidades.

Blue-plate special (bluu pleit **sspê**ʃöl) indica generalmente un menú preparado al mediodía para hombres de negocios. Otros títulos similares con la palabra *special* ofrecen un plato o una comida no muy caros. Restaurantes de más categoría lo llaman *table d'hôte*.

En la cuenta nunca va incluida la propina. Según la ciudad en la que se encuentre, una tasa municipal o estatal—o ambas—puede ser añadida automáticamente. El 15% de la cuenta es la propina normal que se deja para el camarero sobre la mesa.

Es posible que vea al final de la cuenta *Please pay cashier* (pague en la caja por favor), pero no se olvide de dejar sobre la mesa la propina para el camarero.

RESTAURANTE

Entremeses

Nueva York, con todos sus restaurantes extranjeros, ofrece dos entremeses judíos: *blintzes* (**blin**tssös) y *lox* (lakss). Los *blintzes* son panqueques enrollados y rellenos con una preparación de queso caliente, que pueden encontrarse en restaurantes especializados en comidas judías. *Lox* es salmón ahumado servido casi siempre con *bagels* (**beigh**öls—panecillos crujientes en forma de anillo).

Quisiera unos entremeses.	**I'd like an appetizer.** aid laik ön æpötaisör	
artichoke	aartich**ôô**k	alcachofa
asparagus tips	össp**æ**rögh**ö**ss tipss	puntas de espárragos
avocado	avök**aa**dôô	aguacate
canapes	k**æ**nöpiis	canapés
caviar	k**æ**viaar	caviar
cold cuts	kôôld kötss	fiambres
crab cocktail	kræb **kak**teil	coctel de cangrejo
devilled eggs	dêvöld êghs ,	huevos picantes
fruit juice	fruut dʒuuss	jugo de fruta
grapefruit/orange	**ghreip**fruut/oor**ö**ndʒ	toronja (pomelo)/ naranja
pineapple/tomato	pain**æ**pöl/t**ö**meitôô	piña/tomate
(half a) grapefruit	(hæf ö) **ghreip**fruut	(media) toronja (pomelo)
fruit cocktail	fruut **kak**teil	coctel de frutas
goose liver paste	ghuuss **li**vör peisst	foie-gras
ham	hæm	jamón
herring	**hê**ring	arenque
smoked herring	ssm**ôô**kt **hê**ring	arenque ahumado
lobster	**lob**sstör	langosta
mushrooms	m**ö**ʃruums	setas
olives	**a**livs	aceitunas
oysters	**oi**sstörs	ostras
pickled tongue	**pi**köld töng	lengua adobada
prawns	proons	gambas
salami	ssöl**æ**mi	chorizo
salmon	ss**æ**mön	salmón
smoked salmon	ssm**ôô**kt ss**æ**mön	salmón ahumado
sardines	ssaard**ii**ns	sardinas
shrimp	ʃrimp	quisquillas (camarones)
snails	ssneils	caracoles
tuna	**tuu**nö	atún

Ensaladas

Las ensaladas se sirven a menudo antes, o se comen con el plato principal. Cuando pida una ensalada le preguntarán siempre qué clase de aderezo desea. *French* (french—a base de mayonesa y tomates o pimentón), *Italian* (itæliön—aceite, vinagre y hierbas) o *Thousand Island* (zausönd ailönd—mayonesa con nueces, huevos, pimienta, aceitunas, pimientos verdes, cebollas, perejil) son los más populares, así como *roquefort* (rôôkfört—con queso roquefort) y *Russian* (röjön—mayonesa con tomates, pepinillos en vinagre, alcaparras y pimientos). También pueden ofrecerle ensaladas de frutas o verduras moldeadas en gelatina o espliego.

¿Qué clase de ensaladas tienen?	**What salads do you have?**	uat ssælöds du yu hæv
¿Puede aconsejarme una especialidad local?	**Can you recommend a local specialty?**	kæn yu rêkömênd ö lôôköl sspêjölti
chef's salad	jêfss ssælöd	ensalada del jefe de cocina
cole slaw	kôôl ssloo	ensalada de repollo
cottage cheese salad	katidʒ chiis ssælöd	ensalada con queso blanco
cucumber salad	kyuukömbör ssælöd	ensalada de pepino
fruit salad	fruut ssælöd	ensalada de frutas
gelatin (Jell-O) salad	dʒêlötin (dʒêlôô) ssælöd	ensalada en gelatina
green salad	ghriin ssælöd	ensalada de lechuga
julienne salad	dʒuuliên ssælöd	ensalada «Juliana»
mixed salad	miksst ssælöd	ensalada mezclada

Huevos y tortillas

Sólo en buenos restaurantes le será posible pedir una tortilla a la francesa.

Quisiera una tortilla.	**I'd like an omelet.**	aid laik ön amlöt
devilled eggs	dêvöld êghs	huevos rellenos picantes
egg salad	êgh ssælöd	ensalada de huevos

PARA OTROS PLATOS A BASE DE HUEVOS, véase pág. 34

Sopas

He aquí algunas especialidades americanas:

chili con carne
(chili kan **kaarni**)
una receta importada del otro lado de la frontera del sur, esta sopa picante—o guisado de judías pochas encarnadas contiene también pedazos de carne, cebollas, pimienta y otros condimentos.

clam chowder
(klæm **chaudör**)
(sopa de almejas) la preferida de los habitantes de Boston.

vichyssoise
(vi**ſi**ssuaas)
esta versión especial de la sopa de puerros y papas (patatas) fué creada en Nueva York por un cocinero que quizás echaba de menos la ciudad de Vichy. Se sirve helada con aderezo de cebolletas.

Quisiera una sopa. ¿Cuál me aconseja?	**I'd like some soup. What do you recommend?**	aid laik ssôm ssuup. uat du yu rêkömênd
(navy) bean soup	(neivi) biin ssuup	sopa de habichuelas
beef consommé	biif kanssömei	consomé de carne
chicken consommé	chikön kanssömei	consomé de pollo
chicken noodle soup	chikön nuudöl ssuup	sopa de tallarines con pollo
conch chowder	kank chaudör	sopa de conchas
crab soup	kræb ssuup	sopa de cangrejo
crayfish bisque	kreifiſ bissk	sopa de cangrejo de río
cream of asparagus soup	kriim öv össpæröghöss ssuup	sopa de crema de espárragos
cream of celery soup	kriim öv ssêlöri ssuup	sopa de crema de apio
cream of mushroom soup	kriim öv möſruum ssuup	sopa de crema de setas
cream of potato soup	kriim öv pöteitôô ssuup	sopa de crema de papas (patatas)
French onion soup	frênch önyön ssuup	sopa de cebollas
oxtail soup	akssteil ssuup	sopa de rabo de buey
soup of the day	ssuup öv ðö dei	sopa del día
split-pea soup	ssplit pii ssuup	sopa de guisantes
tomato soup	tömeitôô ssuup	sopa de tomates
turtle soup	töörtöl ssuup	sopa de tortuga
vegetable beef soup	vedzztöböl biif ssuup	sopa de buey y verduras

Pescados y mariscos

Quisiera pescado.	**I'd like some fish.**	aid laik ssöm fiʃ
¿Qué clase de mariscos tienen?	**What kinds of seafood do you have?**	uat kainds öv ssiifuud du yu hæv

abalone	æbölôôni	abulón
bass	bæss	perca
sea bass	ssii bæss	róbalo
striped bass	sstraipt bæss	lobina rayada
carp	kaarp	carpa
catfish	kætfiʃ	pez-gato
caviar	kæviaar	caviar
clams	klæms	almejas
cod	kad	bacalao
crab	kræb	cangrejo
crayfish, crawfish	kreifiʃ, kroofiʃ	cangrejo de río
eel	iil	anguilas
fish croquettes	fiʃ krôôkêtss	croquetas de pescado
flounder	flaundör	platija
haddock	hædök	abadejo
halibut	hælöböt	rodaballo
herring	hêring	arenque
lobster	labsstör	langosta
lox	lakss	salmón ahumado
mackerel	mækröl	caballa
(red) mullet	rêd mölöt	salmonete
oysters	oisstörs	ostras
perch	pöörch	perca
pike	paik	sollo
pompano	pampönôô	pescado de Florida
prawns	proons	gambas
red snapper	rêd ssnæpör	pescado de color rojo
salmon	ssæmön	salmón
smoked salmon	ssmôôkt ssæmön	salmón ahumado
sardines	ssaardiins	sardinas
scallops	sskælöpss	veneras
scampi	sskæmpi	langostinos
shrimp	ʃrimp	camarón
smelt	ssmêlt	esperlán
sole	ssôôl	lenguado
swordfish	ssoordfiʃ	pez espada
trout	traut	trucha
tuna	tuunö	atún
turbot	töörböt	rodaballo

baked	beikt	al horno
fried	fraid	frito
deep fried	diip fraid	frito a fondo (con mucho aceite)
grilled	ghrild	a la parrilla
marinated	mæröneitöd	adobado
poached	pôôcht	escalfado
raw	roo	crudo
sautéed	ssooteid	salteado
smoked	ssmôôkt	ahumado
steamed	sstiimd	cocido al vapor
stewed	sstuud	cocido a fuego lento

Especialidades de mariscos

Con 12,000 millas de costas, los EEUU pueden permitirse la holgura de disponer de pescados y mariscos a discreción en cualquier ciudad costera.

En el interior del país, las miríadas de lagos, torrentes y ríos ofrecen variedades de peces como el pez-gato del Mississippi, el esperlán de los Grandes Lagos, y la lobina rayada y la trucha que se pescan en lagos y torrentes de montaña. No debería dejar pasar la ocasión de probar el rodaballo, bastante desconocido en Europa. Y el atún, presa preciosa de los pescadores del Pacífico. Nombres exóticos como *blue-point oysters*, *Bay scallops*, *cherry-stone clams*, y *dungeness crab* abundan en los menús.

He aquí algunos platos que quizás verá en un menú:

cioppino (chöpiinôô)	El famoso cocido italiano de pescado y mariscos de San Francisco; es probable que le den un babero para tomar esta sopa.
jambalaya (dʒömbölaiö)	Incluso hay una canción escrita sobre este plato de Nueva Orleans para garantizar su fama. Se sirve como plato principal y se prepara con jamón y camarones y un caldo de ajo, cebollas, tomates, pimientos, vino y arroz.

Carne

¿Qué clase de carne tienen?	**What kinds of meat do you have?**	uat kainds öv miit du yu hæv
Quisiera	**I'd like some...**	aid laik ssöm
buey/cerdo (tocino)	**beef/pork**	biif/poork
ternera/cordero	**veal/lamb**	viil/læm

beef pie	biif pai	torta de carne de buey
beef sirloin tip roast	biif **ssöör**loin tip rôôsst	puntas de solomillo asadas
calf's brains/feet	kævs breins/fiit	sesos/patas de ternera
charcoal-broiled steak	**chaar**kôôl-broild ssteik	biftec asado con carbón de leña
chittlins	**chit**löns	callos de cerdo
ham	hæm	jamón
baked/boiled	beikt/boild	al horno/hervido
cured/smoked	kyuurd/ssmôôkt	serrano/ahumado
hamburger steak	**hæm**böörghör ssteik	filete hamburguesa
heart	haart	corazón
hot roast beef sandwich	hat rôôsst biif **ssænd**uich	bocadillo caliente de carne asada
kidneys	**kid**nis	riñones
lamb	læm	cordero
breast/shoulder	brêsst/**fôôl**dör	costilla/paletilla
leg/loin	lêgh/loin	pierna/lomo
rack of lamb	ræk öv læm	costilla superior
chop	chap	chuleta
liver	**liv**ör	hígado
meatballs	**miit**bools	albóndigas
meat loaf	miit lôôf	carne prensada
mutton	**möt**ön	carnero
oxtail	**aks**steil	rabo de buey
pork	poork	cerdo (tocino)
chop/shoulder	chap/**fôôl**dör	chuleta/paletilla
pot roast	pat rôôsst	estofado de buey
prime rib roast	praim rib rôôsst	chuleta asada de primera calidad
sausage	**ssoo**ssidჳ	salchicha
steak	ssteik	filete
stew	sstuu	estofado
sweetbreads	**ssuiit**brêds	mollejas
tongue	töng	lengua
tripe	traip	callos
veal	viil	ternera
cutlet/shank	**köt**löt/ʃænk	costilla/jarrete

¿Cómo le gusta la carne?

baked	beikt	cocida
barbecued	**baar**bikyuud	a la brasa/barbacoa
boiled	boild	hervida
braised	breisd	cocida
broiled	broild	a la parrilla
fried	fraid	frita
grilled	ghrild	a la parrilla
roasted	**rôô**sstöd	asada
stewed	sstuud	estofada
stuffed	sstöft	rellena
rare	rêr	poco hecha
medium	**mii**diöm	media
well-done	uêl dön	pasada

Platos americanos a base de carne

La carne de buey asada o a la parrilla es muy popular en los EEUU. Algunos restaurantes—*steak houses* (ssteik **hau**sös) —son especialistas para varios cortes de filete. Como la carne de buey se corta de diferente forma en los EEUU, es difícil comparar las diferentes partes con las de nuestro país. *Club*, *rib*, *delmonico*, *T-bone*, *porterhouse* y *sirloin* son algunos de los nombres que puede llevar el filete, según la parte del buey de donde se haya cortado. El precio le indicará, en general, la calidad de la tajada. La calidad de la carne misma puede venir indicada en el menú como *prime* o *choice*, los cuales son grados concedidos por inspectores de carne gubernamentales.

Podemos incluir, entre otras especialidades a base de carne:

barbecued spare ribs (**baar**bikyuud sspêr ribs) Esta es la parte de la costilla del cerdo separada del tocino. Las costillas son adobadas con una salsa picante de tomate cocida o a la parrilla.

London broil (**lön**dön broil) Carne de buey asada y servida generalmente con una salsa de setas.

Virginia baked ham (vördჳinyö beikt hæm) El jamón ha sido surcado y adornado con clavos de especia, cerezas y piña, y rociado con una salsa dulceamarga.

Carne de caza y aves

Quisiera carne de caza.	**I'd like some game.**	aid laik ssöm gheim
¿Qué clase de platos de aves sirven?	**What poultry dishes do you serve?**	uat pôôltri diſös du yu ssöörv

buffalo	böfölôô	búfalo
capon	keipön	capón
chicken	chikön	pollo
barbecued chicken	baarbikyuud chikön	pollo asado
chicken livers	chikön livörs	hígados de pollo
chicken pie	chikön pai	empanada de pollo
deer	diir	ciervo
duck	dök	pato
duckling	dökling	patito
elk	êlk	alce
goose	ghuuss	ganso
guinea hen	ghíni hên	gallina de Guinea
hare	hêr	liebre
hot turkey sandwich	hat töörki ssænduich	bocadillo caliente de pavo
moose	muuss	alce
pheasant	fêsönt	faisán
quail	kueil	codorniz
rabbit	ræbit	conejo
squirrel	sskuööröl	ardilla
turkey	töörki	pavo
venison	vênössön	venado

Especialidades de aves

Southern fried chicken
(ssöðörn fraid chikön)
Pollo crujiente, muy frito

Long Island duckling
(long ailönd dökling)
Es una raza de patitos de Nueva York; pruébelo asado y braseado con salsa de naranja

Rock Cornish hen
(rak koorniſ hên)
Una cruza de ave americana criada por su carnosa pechuga; la mejor manera de comerla es asada.

Turkey
(töörki)
Después del pollo, el pavo es el ave más popular de América, principalmente desde Thanksgiving (cuarto jueves de noviembre) hasta Nochevieja

Verduras

| ¿Qué verduras me aconseja? | **What vegetables do you recommend?** | uat vêdʒtöböls du yu rêkömênd |
| Prefiero una ensalada. | **I'd prefer some salad.** | aid priföör ssöm ssælöd |

artichoke	aartichôôk	alcachofa
aubergine	oobêrʒin	berenjena
asparagus (tips)	össpæröghöss (tipss)	espárragos (puntas de)
avocado	ævökaadôô	aguacate
beans	biins	judías
butter beans	bötör biins	judías de la manteca
green beans	griin biins	judías verdes
kidney beans	kidni biins	judías pochas
lima beans	laimö biins	alubias
wax beans	uækss biins	judías de la peladilla
beets	biitss	remolachas
broccoli	braköli	brécol
brussels sprouts	brössöls ssprautss	coles de Bruselas
cabbage	kæbidʒ	repollo
carrots	kærötss	zanahorias
cauliflower	kooliflauör	coliflor
celery	ssêlöri	apio
chestnuts	chêssnötss	castañas
cucumber	kyuukömbör	pepino
eggplant	êghplænt	berenjena
endive	êndaiv	endibia
green pepper	ghriin pêpör	pimiento verde
Jerusalem artichoke	dʒêruussölöm aartichôôk	cotufa
leeks	liikss	puerros
lentils	lêntöls	lentejas
lettuce	lêtöss	lechuga
mushrooms	möʃruums	setas
okra	ôôkrö	quimbombó
onions	önyöns	cebollas
paprika	pöprikö	pimentón
parsley	paarssli	perejil
peas	piis	guisantes
potatoes	pöteitôôs	papas (patatas)
radishes	rædiʃös	rábanos
rice	raiss	arroz
spuds	sspöds	papas (patatas)
squash	sskuaʃ	calabaza

sweet potatoes	ssuiit pöteitôôs	boniato
tomatoes	tömeitôôs	tomates
turnips	töörnipss	nabos
zucchini	sukiini	calabacines

corn on the cob (koorn an ðö kab)	A la panocha de maíz, después de cocida, se le añade mantequilla y sal y se come con los dedos.
succotash (ssökötæʃ)	Es un plato indio que se prepara mezclando alubias y maíz desgranado.

Las verduras pueden ser servidas:

baked	beikt	cocidas
boiled	boild	hervidas
chopped	chapt	picadas
creamed	kriimd	en puré con crema
diced	daisst	cortadas en forma de dados
fried	fraid	fritas
grilled	ghrild	a la parrilla
mashed	mæʃt	en puré
pickled	piköld	adobadas
roasted	rôôsstöd	estofadas
stewed	sstuud	braseadas
stuffed	sstöft	rellenas

Queso

En las comidas americanas no existe un plato a base de queso. Se emplea casi siempre como ingrediente para una preparación.

El tipo más común de queso americano se parece al manchego corriente, mientras que los *swiss cheese* («quesos suizos», parecidos al gruyere) son también populares. El *cottage cheese* (queso blanco y granulado) puede servirse como parte de la ensalada, o el *cream cheese* (queso muy cremoso) puede mezclarse con otros ingredientes para llegar a cualquier resultado, desde entremeses hasta un postre. Muchos quesos europeos famosos son importados o imitados y producidos localmente.

Frutas

¿Tienen frutas frescas?	**Do you have any fresh fruit?**	du yu hæv êni frêʃ fruut
Quisiera un coctel de fruta fresca.	**I'd like a fresh fruit cocktail.**	aid laik ö frêʃ fruut **kakteil**

apple	æpöl	manzana
apricots	æprökatss	albaricoques
banana	bönænö	plátano
blackberries	blækbêris	moras
blueberries	bluubêris	arándanos
cantaloupe	kæntölôôp	melón
cherries	chêris	cerezas
chestnuts	chêssnötss	castañas
coconut	kôôkönöt	coco
cranberries	krænbêris	arándanos agrios
currants	kööröntss	pasas de Corinto
dates	deitss	dátiles
figs	fighs	higos
gooseberries	ghuussbêris	uvas espinas
grapefruit	ghreipfruut	toronja (pomelo)
grapes	ghreipss	uvas
honeydew melon	höniduu mêlön	melón muy dulce
huckleberries	hökölbêris	arándanos
melon	mêlön	melón
mulberries	mölbêris	variedad de moras
muskmelon	mösskmêlön	melón
nectarine	nêktöriin	griñón
oranges	ooröndʒös	naranjas
peaches	piichös	melocotones
pear	pêr	pera
pineapple	painæpöl	piña
plums	plöms	ciruelas
prunes	pruuns	ciruelas pasas
quince	kuinss	membrillo
raisins	reisöns	pasas
raspberries	ræsbêris	frambuesas
red currants	rêd kööröntss	grosellas
rhubarb	ruubaarb	ruibarbo
ugli fruit	öghli fruut	cruce de naranja y toronja (pomelo)
strawberries	sstroobêris	fresas
tangerines	tændʒöriins	mandarinas
watermelon	uatörmêlön	sandía

Postre

Si ha sobrevivido a través de los demás platos del menú, quizás quiera decir:

Quisiera un postre, por favor.	**I'd like a dessert, please.**	aid laik ö di**sö**ört pliis
Algo ligero, por favor.	**Something light, please.**	**ssöm**zing lait pliis
Sólo una pequeña porción.	**Just a small portion.**	d**ʒ**össt ö ssmool **poor**ʃön
Nada más, gracias.	**Nothing more, thanks.**	**nö**zing moor zænkss

Si no está seguro de lo que quiere pedir, pregunte al camarero:

¿Qué clase de postres tienen?	**What do you have for dessert?**	uat du yu hæv foor di**sö**ört
¿Qué me aconseja?	**What do you recommend?**	uat du yu rê**köm**ênd

Los americanos adoran tartas, pasteles y helados. Recuerde que *pie* es una torta redonda pero con corteza por encima y por debajo. Puede pedir un pastel o torta *à la mode* (con helado de vainilla).

Le aconsejamos los siguientes postres:

angel-food cake (eind**ʒöl**fuud keik)	Un pastel esponjoso hecho con claras de huevo.
apple pie (**æ**pöl pai)	Esta tarta predilecta puede comerse sola, *à la mode* o con una rebanada de queso por encima.
Boston cream pie (**boss**tön kriim pai)	A pesar de su nombre, es un pastel de chocolate relleno de flan y con chocolate escarchado.
brownie (**brau**ni)	Un pastel Je chocolate con nueces, muy nutritivo.
cheese cake (chiis keik)	Si se decide probar este postre cremoso, rico y dulce, preparado con queso blanco, no se preocupe en contar las calorías.
fudge (föd**ʒ**)	Un cruce suculento de pastel de chocolate y caramelo cremoso de chocolate, altamente desaconsejable a personas con problemas de linea.

Indian pudding (indiön puding)	Los habitantes de Nueva Inglaterra adoran esta mezcla pegajosa de melazas, harina de maiz y especias.
Jell-O (dʒêlôô)	Este es el nombre de marca para gelatinas preparadas con fruta y servidas con crema o nata por encima
orange cake (ooröndʒ keik)	pastel de naranja, especialidad de Florida
pudding (puding)	flan
pumpkin pie (pömkön pai)	tarta de calabaza
strawberry shortcake (stroobêri ʃoortkeik)	trozos de pastel, o de un tipo de pan especial, con fresas cortadas y nata
soda (ssôôdö)	Una mezcla líquida de soda, aliño y helado, casi siempre servido con nata, nueces y una cereza por encima
Southern pecan pie (ssôöörn pikæn pai)	Pacanas, muy cultivadas en Georgia, son el principal ingrediente de esta famosa tarta
sundae (ssöndi)	helado servido en una copa

Y no se olvide del *ice-cream* (**aiss**kriim—helado), y algunos de los gustos entre los que puede escoger:

butter pecan	bötör pikæn	pacanas con mantequilla
chocolate	chaklöt	chocolate
chocolate chip	chaklöt chip	pajas de chocolate
coffee	kafi	café
lemon	lêmön	limón
orange	ooröndʒ	naranja
pistachio	pösstæʃôô	pistacho
spumoni	sspumôôni	cassata
strawberry	sstroobêri	fresa
tortoni	tortooni	casatta en copa
tutti-frutti	tuti-fruti	tutti-frutti
vanilla	vönilö	vainilla

Aquí acaba nuestro menú americano. Para el vino y otras bebidas refiérase a las páginas siguientes. Pero después del festín viene…

La cuenta

Quisiera pagar.	I'd like to pay.	aid laik tu pei
¿Me da la cuenta, por favor?	May I please have the check?	mei ai pliis hæv ðö chêk
Cada uno paga lo suyo.	We'd like to pay separately.	uuiid laik tu pei ssêprötli
Creo que se ha equivocado en esta cuenta.	You made a mistake in this bill, I think.	yu meid ö missteik in ðiss bil ai zink
¿A qué corresponde esta cantidad?	What's this amount for?	uatss ðiss ömaunt foor
¿Está incluida la tasa?	Is tax included?	is tækss inkluudöd
¿Está incluido el cubierto?	Is the cover charge included?	is ðö kövör chaardʒ inkluudöd
¿Está todo incluido?	Is everything included?	is êvrizing inkluudöd
¿Aceptan cheques de viajero?	Do you accept traveler's checks?	du yu ækssêpt trævlörs chêkss
Gracias, esto es para Vd.	Thank you, this is for you.	zænk yu ðiss is foor yu
Quédese con el cambio.	Keep the change.	kiip ðö cheindʒ
Ha sido una comida excelente.	That was a very good meal.	ðæt uös ö vêri ghud miil
Nos ha gustado, gracias.	We enjoyed it, thank you.	ui indʒoid it zænk yu

Quejas

La comida está fría.	The food is cold.	ðö fuud is kôôld
Esto no es fresco.	This isn't fresh.	ðiss isönt frêʃ
¿Por qué tarda tanto?	What's taking you so long?	uatss teiking yu ssôô long
Esto no es lo que he pedido. Yo quería ...	That's not what I ordered. I asked for...	ðætss nat uat ai oordörd. ai æsskt foor
¿Puede cambiarme esto?	May I change this?	mei ai cheindʒ ðiss

PARA LAS PROPINAS, véase pág. 1

La carne está ...	The meat is...	ðö miit is
demasiado/poco hecha	overdone/ underdone	ôövördön/öndördön
demasiado cruda/dura	too rare/too tough	tuu rêr/tuu töf
Esto es demasiado ...	This is too...	ðiss is tuu
amargo/salado/dulce	bitter/salty/sweet	bitör/ssoolti/ssuiit
¿Dónde están nuestras bebidas?	Where are our drinks?	uêr aar aur drinkss
Esto no está limpio.	This isn't clean.	ðiss isönt kliin
¿Quiere decir al «maître» que venga?	Would you ask the head waiter to come over?	uud yu æssk ðö hêd ueitör tu köm ôôvör

Bebidas

Cerveza

Sin duda encontrará que la mayoría de cervezas americanas son más ligeras y con menor grado alcohólico que las europeas. La cerveza siempre se sirve muy fría. En algunas tabernas puede pedir cervezas europeas.

Quisiera una cerveza, por favor.	I'd like a beer, please.	aid laik ö biir pliis

Vino

Los americanos beben cerveza, un coctel, un *highball* o café durante las comidas, aunque cada día son más numerosos los que beben vino. Sólo en los restaurantes autorizados sirven vinos del país o extranjeros. En su casa, los americanos se están acostumbrando, cada vez más, a beber vino durante las comidas. Si no está en un restaurante que posea una autorización, no se moleste en pedirlo.

Muchos restaurantes le ofrecerán cosechas extranjeras importadas, pero suelen ser bastante caras.

Y sin duda alguna, Vd. debería probar el vino americano, muy poco conocido fuera de los EEUU. A pesar de que hay varios Estados productores, el de California es de muy buena calidad. Los mejores llevan la etiqueta con la variedad de viña de ciertos viticultores como Beaulieu, Charles Krug y Paul Masson.

El vino se sirve casi siempre frío en América. Tendrá que pedir una botella no helada si la prefiere a la temperatura ambiente.

Quisiera ... de ...	I'd like... of...	aid laik ... öv
una botella	a bottle	ö batöl
media botella	half a bottle	hæf ö batöl
un vaso	a glass	ö ghlæss
¿Tienen vino de California?	Do you have California wine?	du yu hæv kælöfoornyö uain
Quisiera algo ...	I'd like something...	aid laik ssömzing
dulce/espumoso/seco	sweet/sparkling/ dry	ssuiit/sspaarkling/drai
Quisiera una botella de vino blanco/tinto.	I want a bottle of white wine/red wine.	ai uant ö batöl öv uait uain/rêd uain
No quiero que sea muy dulce.	I don't want anything too sweet.	ai dôônt uant ênizing tuu ssuiit
Quisiera una botella a la temperatura ambiente.	I'd like an unchilled bottle.	aid laik ön önchild batöl
Es demasiado caro.	That's too expensive.	ðætss tuu iksspênssiv
¿No tienen algo de más barato?	Haven't you anything cheaper?	hævönt yu ênizing chiipör

frío	chilled	child
a la temperatura ambiente	at room temperature	æt ruum têmpröchör

RESTAURANTE

blanco	**white**	uait
clarete	**rosé**	rôôsei
dulce	**sweet**	ssuiit
espumoso	**sparkling**	ssspaarkling
seco	**dry**	drai
tinto	**red**	rêd

Y si le ha gustado el vino seguramente dirá:

Por favor, tráigame otro ...	**Please bring me another...**	pliis bring mi önööör
vaso/botella	**glass/bottle**	ghlæss/batöl
¿Cómo se llama este vino?	**What's this wine called?**	uatss ðiss uain koold
¿De dónde es este vino?	**Where does this wine come from?**	uêr dös ðiss uain köm fröm

Otras bebidas alcohólicas

Los americanos dan tanta importancia a su coctel preferido o *highball* (**hai**bool) como nosotros se la damos a una buena cerveza con tapas.

Le llaman coctel a una mezcla de dos o más licores (*manhattan* y *martini* son buenos ejemplos). Por otra parte, *highball* contiene una clase de licor y una bebida gaseosa o jugo como *gin and tonic* o *Scotch and soda*.

Highballs y *cocktails* se sirven siempre muy fríos. Acuérdese de decir *no ice* (nôô aiss—sin hielo) si lo desea así.

Si en los EEUU pide un *martini* se llevará la sorpresa de ver que le sirven un coctel de ginebra y vermut seco, combinación mucho más fuerte que el vermut dulce que se sirve en Europa.

Cocktails y *highballs* se beben en general antes de las comidas, pero algunos americanos prefieren continuar bebiéndolos durante la comida. Tenga cuidado, después del primero quizás ya esté suficientemente contento.

Estas son algunas de las mezclas de bebidas más populares:

bloody Mary (blŏdi mêri)	vodka, jugo de tomate; ciertos bebedores aseguran que es un remedio excelente para la cruda (resaca)
daiquiri (dǽköri)	rum diluído, lima, azúcar; una bebida agradable para las damas
gin 'n' tonic (dʒin ön tanik)	ginebra, lima, tónica
manhattan (mænhǽtön)	vermut dulce, Bourbon, amargos
ol' fashioned (ŏŏl fǽʃönd)	Bourbon, soda, azúcar, amargos, una rodaja de naranja y una cereza
rum coke (röm kŏŏk)	cola, rum

Whiskey. Encontrará que el whiskey americano tiene tendencia a ser más dulce y sólido que el irlandés o escocés. Este último lo encontrará fácilmente, en la mayoría de bares. El whiskey es destilado del grano; el más notable es el Bourbon, del condado del mismo nombre en Kentucky. El Bourbon es destilado principalmente del maíz.

Existe también un *blended whiskey*—mezcla de varios granos, al que a veces se le llama *rye* (rai—centeno) incorrectamente. El verdadero whiskey de *rye* es una bebida mucho más fuerte y con el aroma de centeno muy pronunciado.

A pesar del whiskey nacional, a los americanos les gusta mucho el whisky o *Scotch* y lo beben *straight* (sstreit—seco), *on the rocks* (an ŏŏ rakss—con hielo) o con agua o soda. Los bebedores serios no lo mezclan nunca con algo más fuerte que la soda. Si le gusta una marca precisa, pídala por su numbre:

Un J&B con hielo, por favor.	**A J&B on the rocks, please.**	ö dʒei æn bii an ŏŏ rakss pliis

RESTAURANTE

brandy	**brandy**	**bræ**ndi
coñac	**cognac**	**kon**yæk
ginebra	**gin**	dʒin
jerez	**sherry**	ʃêri
licor	**cordial**	koordʒöl
ron	**rum**	röm
vermut	**vermouth**	vör**muuz**
vino de Oporto	**port**	poort
vodka	**vodka**	**vad**kö
whisky	**whiskey**	**uiss**ki

vaso	**glass**	ghlæss
botella	**bottle**	**bat**öl
seco	**straight**	sstreit
con hielo	**on the rocks**	an ðö rakss
sencillo	**a shot**	ö ʃat
doble	**a double shot**	ö **dö**böl ʃat

Tomaré un whisky con agua, por favor.	**I'll have a Scotch and water, please.**	ail hæv ö sskach ænd uatör pliis
¿Tiene alguna especialidad local?	**Are there any local specialties?**	aar ðêr êni **lô**köl sspê**ʃöl**tis
Tráigame un *stinger*,* por favor.	**Please bring me a stinger.**	pliis bring mi ö **ssting**ör

> **BOTTOMS UP!**
> (ba**töms öp**)
> ¡SALUD!

Otras bebidas

El café será ciertamente menos fuerte que el que toma de ordinario, pero casi siempre está bien preparado. Algunos americanos beben café todo el día, antes, durante y después de las comidas. Café helado y té son favoritos en verano.

Algunos cafés o restaurantes étnicos o de estilo europeo pueden servir moca, expreso o café turco. No se olvide de beber *café brûlot* (kæfei bruu**lô**ô) en Nueva Orleáns. Es un

---

* brandy y crema de menta blanca

RESTAURANTE

café negro, quemado con brandy y servido con clavos de especias, canela, corteza de limón y azúcar.

En pequeños restaurantes es preciso indicar si quiere el café sin leche o crema, ya que a menudo la ponen antes de servirle a Vd. Si le gusta bien cortado pida *White coffee, please!* (uait **kafi**, pliis), o también, especialmente en el Midwest, *Boston coffee* (**boss**tön **kafi**), que equivale a lo mismo.

Está casi considerado como de mala educación el dejar la taza de un invitado vacía. Incluso en *coffee shops*, es muy probable que la camarera vendrá a llenar de nuevo su taza... gratis.

Quisiera un/una ...	I'd like...	aid laik
agua mineral	mineral water	minröl uatör
bebida gaseosa	soda pop	ssôôdö pap
bebida gaseosa aromatizada con jenjibre	ginger ale	dʒindʒör eil
bebida gaseosa no alcoholica	rootbeer	ruutbiir
café	coffee	kafi
taza de café	cup of coffee	köp öv kafi
café con leche (crema)	coffee with cream	kafi uiô kriim
café expreso	espresso coffee	êssprêssôô kafi
café helado	iced coffee	aissd kafi
cola (Pepsi/Coca, etc. ...)	cola	kôôlö
cola dietética	diet cola	daiöt kôôlö
chocolate	chocolate	chaklöt
jugo de fruta	fruit juice	fruut dʒuuss
toronja (pomelo)	grapefruit	ghreipfruut
limón/naranja	lemon/orange	lêmön/ooröndʒ
piña/tomate	pineapple/tomato	painæpöl/tömeitôô
leche	milk	milk
limonada	lemonade	lêmöneid
naranjada	orangeade	ooröndʒeid
soda	soda water	ssôôdö uatör
té	tea	tii
con leche/limón	with milk/lemon	uiô milk/lêmön
té helado	iced tea	aissd tii
tónica	tonic water	tanik uatör

RESTAURANTE

Meriendas

Con bocadillos se puede conseguir una deliciosa y nutritiva comida ligera, además de económica. Siempre le servirán su bocadillo con un pan blanco y esponjoso, casi insípido, a menos que precise *rye* (centeno), *whole wheat* (grano de trigo entero) o cualquier otro tipo. Los bocadillos se cogen y comen con las manos.

Pero sea prudente, bocadillos calientes como *hot roast beef* (hat **rôôsst**biif) y *hot turkey sandwiches* (hat **töör**ki **ssænd**uichös) son diferentes. En el plato, sobre las rebanadas de pan, colocan la carne asada de buey o de pavo, con salsa de carne por encima y puré de papas (patatas).

Deme uno de esos, por favor.	I'll have one of those, please.	ail hæv uön öv ðôôs pliis
a la derecha/a la izquierda	to the left/to the right	tu ðö lêft/tu ðö rait
arriba/abajo	above/below	öböv/bilôô
Deme un/una ...	Please give me...	pliis ghiv mi
«bocadillo submarino»	a submarine sandwich	ö **ssöbmö**riin **ssænd**uich
bollo	a roll	ö rôôl
bollos dulces	some Danish pastries/sweet rolls	ssöm **dein**iʃ **peiss**tris/ ssuiit rôôls
caramelo	some candy	ssöm **kænd**i
chocolate (barra)	a chocolate bar	ö **chak**löt baar
ensalada	some salad	ssöm **ssæl**öd
galletas	some cookies	ssöm kukis
helado	some ice-cream	ssöm **aiss**kriim
pan	some bread	ssöm brêd
pastel	some cake	ssöm keik
tarta	some pie	ssöm pai
¿Cuánto cuesta esto?	How much is that?	hau möch is ðæt
Deme un bocadillo de ... con pan de centeno/trigo entero, por favor.	I'll have a... sandwich on rye/ whole wheat, please.	ail hæv ö... **ssænd**uich an rai/hôôl uiit pliis

Excursiones

En avión

Si tiene proyectado viajar constantemente en avión en los EEUU, lo más conveniente es dirigirse a una compañía aérea interior, en cuanto llegue, y pedir un billete de excursión, con el cual puede volar tanto como quiera con las principales compañías aéreas internas por un precio muy favorable.

¿Hay un vuelo para San Luis?	Is there a flight to St. Louis?	is ðêr ö flait tu sseint luuöss
¿Es un vuelo directo?	Is it a nonstop flight?	is it ö nansstap flait
¿Tengo que cambiar de avión?	Do I have to change planes?	du ai hæv tu cheindʒ pleins
¿Conseguiré el enlace para Salt Lake City?	Can I make a connection to Salt Lake City?	kæn ai meik ö könêkʃön tu ssoolt leik ssiti
Quisiera un billete para Nueva York.	I'd like a ticket to New York.	aid laik ö tiköt foor nuu yoork
¿Cuánto cuesta el billete hasta Los Angeles?	What's the fare to Los Angeles?	uatss ðö fêr tu loss ændʒölöss
ida	one-way	uön uei
ida y vuelta	roundtrip	raundtrip
¿Hay tarifas especiales?	Are there any special fares?	aar ðêr êni sspêʃöl fêös
¿A qué hora despega el avión?	What time does the plane take off?	uat taim dös ðö plein teik oof
¿A qué hora tengo que despachar el equipaje?	What time do I have to check in?	uat taim du ai hæv tu chêk in
¿Hay un autobús que va al aeropuerto?	Is there a bus to the airport?	is ðêr ö böss tu ðí êrpoort
¿Cuál es el número del vuelo?	What's the flight number?	uatss ðö flait nömbör
¿A qué hora llegamos?	What time do we arrive?	uat taim du uí öraiv

PARA LOS HORARIOS, véase pág. 72

EXCURSIONES

Quisiera... mi reserva.	I'd like to... my reservation.	eid leik tu... mei rêsörvei∫ön
anular	cancel	kænsöl
cambiar	change	cheind3
confirmar	confirm	kanföm
¿Cuánto tiempo es válido el billete de avión?	How long is the ticket valid?	hau long is ðö tiköt vælid

ARRIVAL	DEPARTURE	FASTEN SEAT BELTS
LLEGADA	SALIDA	AJUSTESE LOS CINTURONES

En tren

500 ciudades importantes están unidas diariamente por Amtrak (America's National Railroad Passenger Corporation). Con mucha frecuencia Amtrak propone tarifas de promoción, con reducción de precios para excursiones y viajes en familia. La tarjeta *U.S.A. Railpass,* equivalente a la *Eurailpass,* únicamente se puede obtener en el extranjero.

En autobús de línea

La compañía de autobuses *Greyhound/Trailways* va a todas las ciudades de Estados Unidos. Los pasajeros pueden hacer el viaje por etapas, si lo desean, mientras su billete sea válido. En algunas ocasiones los viajes en autobús cuestan casi lo mismo o, incluso, más que los vuelos en avión. De manera que no suponga automáticamente que los viajes en autobús son más baratos. La compañía ofrece *unlimited travel tickets,* que permiten viajar en autobús por cualquier lugar del país a precio reducido, durante un cierto tiempo. Estos billetes se deben comprar fuera de Estados Unidos.

Las zonas en que la compañía *Greyhound/Trailways* no presta servicios son atendidas por compañías regionales.

Muchos autobuses para recorridos largos disponen de aire acondicionado, servicios y lavabos.

La estación

Si piensa viajar en autobús de línea, las frases que siguen pueden ser empleadas o adaptadas, según la situación.

¿Dónde está la estación de tren/autobuses de...?	Where's the... railroad/bus station?	uêrs ðö ... reilrôôd/böss ssteiʃön
¡Taxi, por favor!	Cab, please!	kæb pliis
Lléveme a la estación de autobuses/tren de...	Take me to the... bus/railroad station.	teik mi tu ðö... böss/reilrôôd ssteiʃön
¿Cuánto es el precio?	What's the fare?	uatss ðö fêr

ENTRANCE	ENTRADA
EXIT	SALIDA
TO THE TRACKS	ACCESO A LOS ANDENES

EXCURSIONES

¿Dónde está/están...?	Where is/are the...?	uêr is/aar ðö
andén 7	track 7	træk 7
barbería	barber shop	baarbör ʃap
cafetería	coffee shop	kafi ʃap
consigna automática	luggage lockers	löghidʒ lakörs
despacho de billetes	ticket office	tiköt aföss
despacho de equipaje	baggage check	bæghidʒ chêk
información	information desk	införmeiʃön dêssk
mostrador para reservaciones	reservations desk	rêsörveiʃöns dêssk
oficina de objetos perdidos	lost and found office	losst ænd faund aföss
quiosco de periódicos	newsstand	nuussstænd
restaurante	restaurant	resstörönt
sala de espera	waiting room	ueiting ruum
¿Dónde están los servicios para caballeros/señoras?	Where's the men's room/powder room?	uêrs ðö mêns ruum/paudör ruum

Nota: A los conductores de autobús—incluso a los que cargan y descargan su equipaje—no se les da propina.

PARA TAXIS, véase pág. 27

Información

Para obtener informaciones sobre horarios y reservaciones, llame al (1-800) USA-RAIL (o, en números, 872-7245; comunicación gratuita).

¿Cuándo es el ... tren para Miami?	When is the... train to Miami?	uén is ðö... trein tu maiæmi
primer/último/próximo	first/last/next	föörsst/læsst/nêksst
¿A qué hora sale el tren para Denver?	What time does the train for Denver leave?	uat taim dös ðö trein foor dênvör liiv
¿Cuánto es un billete para Boston?	What's the fare to Boston?	uatss ðö fêr tu bosstön
¿Es un tren directo?	Is it a through train?	is it ö zruu trein
¿A qué hora llega el tren a Filadelfia?	What time does the train arrive in Philadelphia?	uat taim dös ðö trein öraiv in filödêlfyö
¿Hay coche restaurante en el tren?	Is there a dining car on the train?	is ðêr ö daining kaar an ðö trein
¿Hay coche cama en el tren?	Is there a Pullman car on the train?	is ðêr ö pulmön kaar an ðö trein
¿El tren para en Annápolis?	Does the train stop at Annapolis?	dös ðö trein sstap æt önæpöliss
¿De qué andén sale el tren para Milwaukee?	What track does the train for Milwaukee leave from?	uat træk dös ðö trein foor miluooki liiv fröm
¿A qué andén llega el tren de Seattle?	What track does the train from Seattle arrive on?	uat træk dös ðö trein fröm ssiætöl öraiv an
¿De qué acceso sale el autobús para Minneápolis?	What ramp does the bus for Minneapolis leave from?	uat ræmp dös ðö böss foor miniæpölöss liiv fröm

Nota: Si proyecta viajar de noche, en coche literas o coche cama, tendrá que reservar con mucha antelación.

👈	👉
It's a through train.	Es un tren directo.
You have to change at...	Tiene que cambiar en...
Change at... and get a local train.	Cambie en... y coja un tren tranvía (local).
Track... is...	El andén... está...
over there/upstairs on the left/on the right	allí/arriba a la izquierda/derecha
There's a train to... at...	Hay un tren para... a las...
Your train will leave from track...	Su tren sale del andén...
There'll be a delay of... minutes.	Habrá un retraso de... minutos.

Billetes

Quiero un billete (coche-cama) hasta Baton Rouge.	I want a (Pullman) ticket to Baton Rouge.	ai uant ö (pulmön) tiköt tu bætön ruuз
ida	one-way	uön uei
ida y vuelta	roundtrip	raundtrip
¿No es medio billete para el niño/la niña?	Isn't it half price for the boy/girl.	isönt it hæf praiss foor ðö boi/ghöörl
Tiene 13 años.	He's/She's 13.	hiis/ʃiis 13

👈	👉
Coach or Pullman?	¿Normal o litera?
One-way or roundtrip?	¿Sólo ida o ida y vuelta?
How old is he/she?	¿Cuántos años tiene?

Nota: Los niños de menos de cinco años generalmente no pagan en trenes.

Todos a bordo...

¿Es éste el andén correcto para el tren de Minneápolis?	**Is this the right track for the train to Minneapolis?**	is ðiss ðö rait træk foor ðö trein tu miniæpölöss
¿Es éste el tren para Dallas?	**Is this the right train to Dallas?**	is ðiss ðö rait trein tu dælöss
Disculpe, ¿puedo pasar?	**Excuse me. May I get by?**	iksskyuus mi. mei ai ghêt bai
¿Está ocupado este asiento?	**Is this seat taken?**	is ðiss ssiit teikön

---

NO SMOKING
PROHIBIDO FUMAR

Creo que éste es mi asiento.	**I think that's my seat.**	ai zink ðætss mai ssiit
¿Puede avisarme antes de que lleguemos a Detroit?	**Would you let me know before we get to Detroit?**	uud yu lêt mi nôô bifoor ui ghêt tu ditroit
¿Qué estación es ésta?	**What station is this?**	uat ssteiſön is ðiss
¿Cuánto tiempo para el tren aquí?	**How long does the train stop here?**	hau long dös ðö trein sstap hiir
¿Cuándo llegamos a Des Moines?	**When do we get to Des Moines?**	uên du ui ghêt tu dimoin

Durante el viaje, el revisor pasa diciendo:

¡Billetes, por favor!	**Tickets, please!**	tikötss pliis

Comida

Muchos trenes que cubren distancias cortas disponen de un bar con bebidas y meriendas. Para los de largo recorrido encontrará un *diner* o *dining car* (coche restaurante).

| Primera/Segunda llamada para la cena. | **First/Second call for dinner.** | föörsst/ssêkönd kool foor dinör |
| ¿Dónde está el coche-restaurante? | **Where's the dining car?** | uêrs ðö daining kaar |

Los autobuses paran en restaurantes no muy caros cerca de la carretera para comidas y meriendas. En ciertos recorridos o excursiones, una azafata le sirve refrescos en su asiento.

Durmiendo

¿Queda alguna litera disponible en el coche-cama?	**Are there any free compartments in the Pullman car?**	aar ðêr êni frii kömpaartmöntss in ðö pulmön kaar
¿Dónde está mi litera?	**Where's my berth?**	uêrs mai böörz
Compartimientos 18 y 19, por favor.	**Compartments 18 and 19, please.**	kömpaartmöntss 18 ænd 19 pliis
Quisiera una litera más baja.	**I'd like a lower berth.**	aid laik ö lôôör böörz
¿Puede preparar nuestras literas?	**Would you make up our berths?**	uud yu meik öp aur böörzss
¿Puede llamarme a las 7 de la mañana?	**Would you call me at 7 o'clock?**	uud yu kool mi æt 7 öklak
¿Puede traerme café por la mañana?	**Would you bring me some coffee in the morning?**	uud yu bring mi ssöm kafi in ðö moorning

Equipaje y mozos

| ¿Puede ayudarme con mis maletas? | **Can you help me with my bags?** | kæn yu hêlp mi uiz mai bæghs |
| Póngalas allí por favor. | **Please put them down here.** | pliis put ðöm daun hiir |

PARA MOZOS, véase también pág. 24

¡Perdido!

Deseamos que no le sea necesario emplear las frases que siguen, pero, por si acaso ...

¿Dónde está la oficina de objetos perdidos?	**Where's the lost-and-found office?**	uêrs ðö losst ænd faund aföss
He perdido mi...	**I've lost my...**	aiv losst mai
esta mañana ayer	**this morning yesterday**	ðiss **moor**ning **yêss**törði
Lo he perdido en...	**I lost it in...**	ai losst it in
Es de mucho valor.	**It's very valuable.**	itss **vê**ri **væl**yöböl

Horarios

Si piensa viajar mucho en tren o autobús, sería una buena idea obtener un folleto gratis con los horarios de Amtrak o de una compañía de autobuses. Están impresos con el sistema de 12 horas: de la 1 de la madrugada hasta mediodía en caracteres finos y de mediodía a medianoche en caracteres más gruesos.

Quisiera un horario.	**I'd like a timetable.**	aid laik ö **taim**teiböl

Metro —«Tren elevado»

¿Dónde está la estación de metro/«L» más próxima?	**Where's the nearest subway/«L» station?**	uêrs ðö **nii**rösst **ssöb**uei/êl **sstei**fön
¿Este metro/«L» va hasta...?	**Does this subway/«L» go to...?**	dös ðiss **ssöb**uei/êl ghôô tu
¿Dónde hago el enlace para...?	**Where do I transfer for...?**	uêr du ai **trænss**föör foor
¿La próxima estación es...?	**Is the next station...?**	is ðö nêksst **sstei**fön

Autobuses—Tranvías

Para tomar autobuses y tranvías es necesario que tenga en dinero suelto el importe exacto antes de subir. Para el metro o trenes urbanos generalmente se paga en una ventanilla y tiene acceso al tren después de pasar por un molinete. A veces se pueden comprar varias *tokens* (fichas) con reducción. Las fichas se introducen en una ranura del molinete o se dan a un empleado.

Cada ciudad tiene su estructura y sistema de pago. Puede preguntar cómo se hace o fijarse cómo la gente emplea los transportes públicos.

Quisiera algunas fichas.	**I'd like some tokens.**	aid laik ssöm tôôköns
¿Dónde puedo tomar un autobús para el Metropolitan Museum?	**Where can I get a bus to the Metropolitan Museum?**	uêr kæn ai ghêt ö böss tu ðö mêtröpalötön miusiiöm
¿Qué autobús puedo tomar para el Washington Monument?	**What bus do I take for the Washington Monument?**	uat böss du ai teik foor ðö uaſingtön manyömönt
¿Dónde está la...?	**Where's the...?**	uêrs ðö
estación de autobuses	**bus station**	böss ssteiſön
parada de autobuses	**bus stop**	böss sstap
¿Cuándo sale el... autobús para el parque zoológico?	**When is the... bus to the zoo?**	uên is ðö... böss tu ðö suu
primer/último/próximo	**first/last/next**	föörsst/læsst/nêksst
¿Cada cuánto tiempo pasan los autobuses para Berkeley?	**How often do the buses to Berkeley run?**	hau oofön du ðö bössös tu böörkli rön
¿Cuánto cuesta el billete hasta...?	**How much is the fare to...?**	hau möch is ðö fêr tu
¿Tengo que cambiar de autobús?	**Do I have to transfer buses?**	du ai hæv tu trænssföör bössös
¿Cuánto se tarda en llegar?	**How long does the trip take?**	hau long dös ðö trip teik

EXCURSIONES

¿Me lo dirá cuándo tenga que bajar?	**Will you tell me when to get off?**	uil yu têl mi uên tu ghêt oof
Quiero apearme en Hollywood Boulevard.	**I want to get off at Hollywood Boulevard.**	ai uant tu ghêt oof æt haliuud bulövaard
Por favor, pare en la próxima parada.	**Please let me off at the next stop.**	pliis lêt mi oof æt dö nêksst sstap

BUS STOP	PARADA DE AUTOBUS
STOPS ON REQUEST	PARADA CONVENCIONAL (sólo si se hace seña)

Barcas, barcos, buques de carga

Pero si tiene sed de aventuras y dispone de tiempo infórmese sobre el servicio de buques de carga o de vapor en el St. Lawrence Seaway de los Great Lakes. Casi 50 compañías de barcos de vapor ofrecen servicios regulares desde el Atlántico hasta puertos lacustres como Chicago—excepto en invierno cuando la mayoría de lagos están helados.

El *Delta Queen*, último de los hermosos barcos de vapor (y palas) que aún navega sobre el poderoso Mississippi, tiene parada en más de 110 ciudades de 17 estados.

O pruebe alguno de estos medios para desplazarse:

a caballo	**horseback riding**	hoorssbæk raiding
autodeslizador	**hovercraft**	hövörkræft
auto-stop	**hitchhiking**	hichhaiking
barco	**boat**	bôôt
barco de motor	**motorboat**	môôtörbôôt
barco de remos	**rowboat**	rôôbôôt
barco de vela	**sailboat**	sseilbôôt
bicicleta	**bicycle**	baissiköl
casa flotante	**houseboat**	haussbôôt
helicóptero	**helicopter**	hêlikaptör
moto	**motor-bike**	môôtörbaik
motocicleta	**motorcycle**	môôtörssaiköl

y si no le queda ningún otro medio, vaya …

andando	**go walking**	ghôô wooking

Visitas turísticas

Aquí nos hemos ocupado más del aspecto cultural que de las diversiones; y, por el momento, más de las ciudades que del campo. Si quiere una buena guía, pida...

¿Puede aconsejarme una buena guía para ...?	Can you recommend a good guide book for...?	kæn yu rêkömênd ö ghud ghaid buk foor
¿Hay una Oficina de Turismo?	Is there a tourist office?	is ðêr ö tuurösst aföss
¿Dónde está la oficina de información?	Where's the information office?	uêrs ðö införmeiſön aföss
¿Cuáles son los principales puntos de interés?	What are the main points of interest?	uat aar ðö mein pointss öv intrösst
Vamos a quedarnos...	We're here for...	uiir hiir foor
sólo unas horas	only a few hours	ôônli ö fyuu auörs
un día	a day	ö dei
tres días	three days	zrii deis
una semana	a week	ö uiik
¿Puede aconsejarnos un recorrido turístico?	Can you recommend a sightseeing tour?	kæn yu rêkömênd ö ssaitssii-ing tuur
¿De dónde sale el autobús?	Where does the bus start from?	uêr dös ðö böss sstaart fröm
¿Nos recogerá en el hotel?	Will it pick us up at the hotel?	uil it pik öss öp æt ðö hôôtêl
¿Qué autobús/tranvía tenemos que tomar?	What bus/streetcar do we take?	uat böss/sstriitkaar du ui teik
¿Cuánto cuesta el viaje?	How much does the tour cost?	hau möch dös ðö tuur kosst
¿A qué hora empieza el recorrido?	What time does the tour start?	uat taim dös ðö tuur sstaart
Quisiéramos alquilar un coche para un día.	We'd like to rent a car for the day.	uiid laik tu rênt ö kaar foor ðö dei

PARA LAS HORAS DEL DIA, véase pág. 178

¿Hay un guía que hable español?	Is there a Spanish-speaking guide?	is ðêr ö sspǽniʃ sspiiking ghaid
¿Dónde está/están...?	Where is/Where are the...?	uêr is/uêr aar ðö
acuario	aquarium	ökuǽriöm
ayuntamiento	city hall	ssiti hool
barrio de los artistas	artists' quarter	aartösstss kuoortör
biblioteca	library	laibröri
bolsa	stock exchange	sstak êksscheindʒ
Capitolio	Capitol	kǽpitöl
Casa Blanca	White House	uait hauss
catedral	cathedral	kæziidröl
cementerio	cemetery	ssêmötöri
centro de la ciudad	downtown area	dauntaun êriö
centro comercial	business district	bisnöss disstrikt
comercios	shopping center	ʃaping ssêntör
convento	convent	kanvönt
corte suprema	supreme court	ssöpriim koort
criptas	vaults	vooltss
cueva	cave	keiv
diputación	state house	ssteit hauss
edificio	building	bilding
estadio	stadium	ssteidiöm
estatua	statue	sstæchuu
estudios de televisión	television studios	têlöviʒön sstuudiôôs
exposición	exhibition	êkssöbiʃön
fábrica	factory	fǽktri
fábrica de cristal	glass-works	ghlæss uöörkss
fuente	fountain	fauntön
fuerte	fort	foort
galería de arte	art gallery	aart ghǽlöri
iglesia	church	chöörch
jardines	gardens	gaardöns
jardines botánicos	botanical gardens	bötæniköl gaardöns
juzgado	court house	koort hauss
lago	lake	leik
mansión del gobernador	governor's mansion	gövnörs mǽnʃön
mercado	market	maarköt
mezquita	mosque	mask
molino de agua	watermill	uatörmil
monasterio	monastery	manösstêri
monumento	monument	manyömönt
muelle	docks	dakss
museo	museum	myusiiöm
observatorio	observatory	öbsöörvötôôri

parque	**park**	paark
parte antigua	**old city**	ôôld **ssi**ti
planetario	**planetarium**	plænötêriöm
puerto	**harbor**	**haar**bör
rascacielos	**skyscraper**	**sskaiss**kreipör
ruinas	**ruins**	ruuöns
sala de conciertos	**concert hall**	**kans**sört hool
santuario	**shrine**	ʃrain
sinagoga	**synagogue**	**ssi**nighagh
teatro de la ópera	**opera house**	**a**prö hauss
torre	**tower**	tauör
tumba	**tomb**	tuum
universidad	**university**	yunövöörssöti
zoológico	**zoo**	suu

Entrada

VISITAS TURISTICAS

¿Está el/la... abierto/-a el domingo?	**Is the... open on Sundays?**	is ðö... ôôpön an **ssön**dis
¿A qué hora abre/cierra?	**When does it open/close?**	uên dös it ôôpön/klôôs
¿Cuánto cuesta la entrada?	**How much is the entrance fee?**	hau möch is ðö **entr**önss fii
¿Hay reducción para...?	**Is there any reduction for...?**	is ðêr êni ri**dök**ʃön foor
estudiantes/niños	**students/children**	**sstuu**döntss/**child**rön
Aquí está mi entrada.	**Here's my ticket.**	hiirs mai **ti**köt
He aquí nuestras entradas.	**Here are our tickets.**	hiir aar aur **ti**kötss
¿Tiene una guía en español?	**Have you a guide book in Spanish?**	hæv yu ö ghaid buk in **ssp**æniʃ
¿Puedo comprar un catálogo?	**Can I buy a catalog?**	kæn ai bai ö **kæ**tölagh
¿Se pueden tomar fotografías?	**Is it all right to take pictures?**	is it **oo**lrait tu teik **pik**chörs

---

ADMISSION FREE	ENTRADA GRATIS
NO CAMERAS ALLOWED	PROHIBIDO FOTOGRAFIAR

¿Qué/quién/cuándo?

¿Qué es ese edificio?	What's that building?	uatss ðæt bilding
¿Quién fué el...?	Who was the...?	huu uös ðö
arquitecto	architect	aarkötêkt
artista	artist	aartösst
pintor	painter	peintör
escultor	sculptor	sskölptör
¿Quién lo construyó?	Who built it?	huu bilt it
¿Quién pintó ese cuadro?	Who painted that picture?	huu peintöd ðæt pikchör
¿En qué época vivió?	When did he live?	uên did hi liv
¿Dónde está la casa donde... vivió?	Where's the house where... lived?	uêrs ðö hauss uêr... livd
Nos interesa...	We're interested in...	uiir intrösstöd in
alfarería	pottery	patöri
antigüedades	antiques	æntiikss
arqueología	archeology	aarkialödʒi
arte	art	aart
arte y artesanía indios	Indian arts and crafts	indiön aartss ænd kræftss
artesanía	crafts	kræftss
bellas artes	fine arts	fain aartss
botánica	botany	batöni
cerámica	ceramics	ssöræmikss
escultura	sculpture	sskölpchör
flora y fauna	wild life	uaild laif
geología	geology	dʒialödʒi
historia	history	hisstri
historia natural	natural history	næchöröl hisstri
medicina	medicine	medössön
monedas	coins	koins
muebles	furniture	föörnöchör
música	music	myuusik
ornitología	ornithology	oornözalödʒi
pintura	painting	peinting
prehistoria	prehistory	priihisstri
zoología	zoology	sôôalödʒi
¿Dónde está el departamento de...?	Where's the... department?	uêrs ðö ... dipaartmönt

El adjetivo que estaba buscando...

Es...	It's...	itss
abrumador, agobiante	**overwhelming**	ôôvöruêlming
asombroso	**amazing**	ömeising
extraño	**strange**	sstreindʒ
feo	**ugly**	öghli
hermoso	**beautiful**	byuutiföl
horrible	**awful**	ooföl
impresionante	**impressive**	imprêssiv
interesante	**interesting**	intrôssting
lúgubre	**gloomy**	ghluumi
magnífico	**magnificent**	mæghnifössönt
monumental	**monumental**	manyömêntöl
siniestro	**sinister**	ssinösstör
soberbio	**superb**	ssupöörb
terrible	**terrible**	têröböl
terrífico	**terrifying**	têröfai-ing
tremendo	**tremendous**	trömendöss

Servicios religiosos

Más de cien religiones diferentes y sectas están representadas en América. La mayoría de americanos son protestantes (una buena parte de ellos son batistas), mientras que la Iglesia Católica Romana representa un tercio de los cristianos de los EEUU. Las fes Ortodoxa Oriental y la Judía son especialmente importantes en los principales centros industriales y comerciales de América. En las grandes ciudades seguramente encontrará servicios dirigidos en español. Las Iglesias indican el horario de servicios en la puerta.

¿Hay una... cerca de aquí?	**Is there a... near here?**	is ðêr ö... niir hiir
Iglesia católica	**Catholic church**	kæzölik chöörch
Iglesia protestante	**Protestant church**	pratösstönt chöörch
Iglesia ortodoxa	**Orthodox church**	oorzödakss chöörch
sinagoga	**synagogue**	ssinighagh
mezquita	**mosque**	mask
¿Dónde puedo encontrar un... que hable español?	**Where can I find a... who speaks Spanish?**	uêr kæn ai faind ö... huu sspiikss sspæniʃ
cura/ministro/rabino	**priest/minister/rabbi**	priisst/minösstör/ræbai

Diversiones

Cine—Teatro

Los cines en general dan sesión continua con *double feature*
(dos películas de largo metraje) incluyendo el noticiario, un
dibujo animado y un documental. En las grandes ciudades
ciertos cines sólo dan una película de estreno, para los cuales
es necesario reservar con anticipación para determinadas
sesiones.

Los *drive-in-movie theaters* son muy populares. Vd. conduce
su coche dentro de una zona de aparcamiento inmensa y
puede ver el filme desde su asiento. A través de la ventanilla
del coche le dan el altavoz.

Las sesiones de teatro empiezan en general a las 8:30. También es preferible reservar con anticipación.

En periódicos y carteleras encontrará lo que puede ser visto.
O también obtener, en casi todas las grandes ciudades, una
publicación del tipo *This Week in...* («Esta semana en...»)

¿Tiene una copia de «This Week in...»?	**Do you have a copy of «This Week in...»?**	du yu hæv ö kapi öv ðiss uiik in
¿Qué dan en el cine esta noche?	**What's showing at the movies tonight?**	uatss ʃôôing æt ðö muuvis tönait
¿Qué dan en el teatro...?	**What's playing at the... theater?**	uatss pleiing æt ðö... ziötör
¿Qué clase de obra es?	**What sort of play is it?**	uat soort öv plei is it
¿De quién es?	**Who's it by?**	huus it bai
¿Puede aconsejarme un/una...?	**Can you recommend (a)...?**	kæn yu rêkömênd (ö)
buena película	**good film**	ghud film
comedia	**comedy**	kamödi
algo ligero	**something light**	ssömzing lait
drama	**drama**	dræmö
comedia musical	**musical**	myuusiköl

revista	revue	rivyuu
suspenso	thriller	zrilör
western	Western	uêsstörn
¿En qué teatro dan esta nueva obra de …?	At what theater is that new play by… being performed?	æt uat ziötör is ðæt nuu plei bai… biiing pörfoormd
¿Dónde dan esta nueva película de…?	Where's that new film by… being shown?	uêrs ðæt nuu film bai… biiing ʃôôn
¿Quién actúa?	Who's in it?	huus in it
¿Quién actúa en el papel principal?	Who's playing the lead?	huus pleiing ðö liid
¿Quién es el director?	Who's the director?	huus ðö dairêktör
¿A qué hora empieza?	What time does it begin?	uat taim dös it bighin
¿A qué hora termina el espectáculo?	What time does the show end?	uat taim dös ðö ʃôô ênd
¿A qué hora empieza la sesión de noche?	At what time does the evening performance start?	æt uat taim dös ðö iivning pörfoormönss sstaart
¿Quedan entradas para esta noche?	Are there any tickets for tonight?	aar ðêr êni tikötss foor tönait
¿Cuánto valen las entradas?	How much are the tickets?	hau möch aar ðö tikötss
Quiero reservar 2 localidades para la función de noche del viernes.	I want to reserve 2 tickets for the show on Friday evening.	ai uant tu risöörv 2 tikötss foor ðö ʃôô an fraidi iivning
¿Queda una entrada para la sesión de tarde del martes?	Can I have a ticket for the matinée on Tuesday?	kæn ai hæv ö tiköt foor ðö mætönei an tuusdi
Quiero una localidad de butaca.	I want a seat in the orchestra.	ai uant ö ssit in ðö oorkössströ
No muy para atrás.	Not too far back.	nat tuu faar bæk
En el centro.	Somewhere in the middle.	ssömuêr in ðö midöl
¿Cuánto valen las entradas de anfiteatro?	How much are the seats on the mezzanine?	hau möch aar ðö ssiitss an ðö mêsöniin

¿Me da un programa, por favor?*	**May I please have a program?**	mei ai pliis haev ö prôôghræm
¿Puedo dejar este abrigo en el guardarropa?	**Can I check this coat?**	kæn ai chêk ðiss kôôt

---

🢂	🢀
I'm sorry, we're sold out.	Lo siento, no quedan entradas.
There are only a few seats left on the mezzanine.	Sólo quedan algunas entradas de anfiteatro.
May I see your ticket?*	¿Me enseña su entrada?*
This is your seat.	Esta es su butaca.

Opera —Ballet —Conciertos

¿Dónde está el teatro de la ópera?	**Where's the opera house?**	uêrs ðö aprö hauss
¿Dónde está la sala de conciertos?	**Where's the concert hall?**	uêrs ðö kanssört hool
¿Qué ópera ponen esta noche?	**What's on at the opera tonight?**	uatss an æt ðö aprö tönait
¿Quién canta?	**Who's singing?**	huus ssinging
¿Quién baila?	**Who's dancing?**	huus dænssing
¿A qué hora empieza el programa?	**What time does the program start?**	uat taim dös ðö prôôghræm sstaart
¿Qué orquesta toca?	**What orchestra is playing?**	uat oorkösströ is pleiing
¿Qué tocan?	**What are they playing?**	uat aar ðei pleiing
¿Quién es el director?	**Who's the conductor?**	huus ðö köndöktör

* No es necesario dar propina al acomodador. El programa es gratis, pero se puede comprar también un programa de recuerdo más completo y elaborado en la entrada.

Salas de fiestas

Las salas de fiestas son muy parecidas en el mundo entero, particularmente en los precios elevados. No se extrañe si hay un suplemento por cubierto.

Aparte de ser el paraíso de los jugadores, Nevada proclama que tiene el mayor centro de diversiones y *night-clubs* del país. En Las Vegas hay varios establecimientos famosísimos donde se dan cita los mayores artistas americanos y extranjeros.

También hay lugares interesantes a precios moderados sobre los que puede informarse. Pero entérese de pedir el precio del consumo—y dé margen a los suplementos.

¿Puede aconsejarme una buena sala de fiestas?	**Can you recommend a good night-club?**	kæn yu rêkömênd ö ghud naitklöb
¿Hay atracciones?	**Is there a floor show?**	is ðêr ö floor ʃôô
¿A qué hora empieza el espectáculo?	**What time does the floor show start?**	uat taim dös ðö floor ʃôô sstaart
¿Es necesario el traje de noche?	**Is evening dress necessary?**	is iivning drêss nêssössêri

Y una vez dentro ...

Una mesa para 2, por favor.	**A table for 2, please.**	ö teiböl foor 2 pliis
Mi nombre es... He reservado una mesa para 4.	**My name's... I reserved a table for 4.**	mai neims... ai risöörvd ö teiböl foor 4
He telefoneado antes.	**I telephoned you earlier.**	ai têlöfôônd yu öörliör
No hemos reservado mesa.	**We haven't got a reservation.**	ui hævönt ghat ö rêsörveiʃön

DIVERSIONES

Bailes

¿Dónde se puede ir a bailar?	Where can we go dancing?	uêr kæn ui ghôô dænssing
¿Hay una discoteca en la ciudad?	Is there a discotheque in town?	is ðêr ö disskôtêk in taun
Hay un baile en el...	There's a dance at the...	ðêrs ö dænss æt ðö
¿Quiere Vd. bailar?	Would you like to dance?	uud yu laik tu dænss
¿Me concede este baile?	May I have this dance?	mei ai hæv ðiss dænss

¿Juega Vd. a...?

Para días de lluvia, esta página puede serle útil.

¿Juega Vd. al ajedrez?	Do you happen to play chess?	du yu hæpön tu plei chêss
Me temo que no.	I'm afraid I don't.	aim öfreid ai dôônt
No, pero le juego una partida de damas.	No, but I'll have you a game of checkers.	nôô böt ail hæv yu ö gheim öv chêkörs
rey	king	king
reina	queen	kuiin
torre	castle/rook	kæssöl/ruk
alfil	bishop	biʃöp
caballo	knight	nait
peón	pawn	poon
jaque mate	check mate	chêk meit
¿Juega a las cartas?	Do you play cards?	du yu plei kaards
bridge	bridge	bridʒ
canasta	canasta	könæsstö
gin rummy	gin rummy	dʒin römi
póker	poker	pôôkör
pontoon	blackjack	blækdʒæk
whist	whist	uisst

as	**ace**	eiss
rey	**king**	king
reina	**queen**	kuiin
sota	**jack**	dʒæk
comodín	**joker**	dʒôôkör
corazones	**hearts**	haartss
diamantes	**diamonds**	daimönds
tréboles	**clubs**	klöbs
espadas	**spades**	sspeids

Casinos

Las Vegas y Reno son las ciudades preferidas por sus casinos abiertos toda la noche en donde se puede jugar con las máquinas de fichas (*slot machines*) o probar su suerte en la ruleta.

Pero la acción no se limita a los casinos. Encontrará baterías de *slot machines*—a las que se les llama también bandidos mancos o de un sólo brazo—alineadas incluso en restaurantes y tiendas de forma que si prefiere podrá utilizar el cambio y el bolsillo le pesará menos.

Deportes

Quizás querrá asistir a algunos de los deportes americanos para espectadores, pero los más populares son televisados, o sea que puede presenciarlos desde el televisor en su habitación de hotel.

He aquí algunos de los deportes preferidos:

Baseball. Se juega de abril a octubre, con una pequeña pelota y un bastón o pala en un terreno llamado *diamond* (diamante). Cada ciudad importante tiene su equipo profesional y también podrá asistir a partidos de equipos locales de aficionados.

Football. Se juega de septiembre a diciembre, y este juego feroz es muy diferente del fútbol español. Algunos de los jugadores pesan 90 kilos o más. El objetivo del juego es interceptar y derribar al jugador que corre con la pelota en dirección del poste de gol. Sus compañeros intentan parar a los adversarios y de ahí resultan las pilas de jugadores, huesos rotos, fracturas, cortes y moraduras. Los equipos profesionales y de Universidades son favoritos nacionales, y es más fácil obtener localidades para partidos de escuelas locales. Las aclamaciones y vitoreos, así como los desfiles y bandas de los hinchas durante el intermedio constituyen también una buena atracción.

Basketball. Corresponde al baloncesto, y los equipos profesionales y estudiantiles juegan de octubre a abril. La altura de los jugadores—1.80 m. por lo menos—es imponente.

Hockey sobre hielo, lucha libre, boxeo, carreras de coches y caballos se practican también pero en un ámbito más regional.

Para su propio placer, no le será difícil encontrar campos de tenis, piscinas y terrenos de golf, tanto públicos como privados. Según la región y la temporada también puede ir a pescar, cazar, ir en barco, montar a caballo, practicar esquí acuático, surf, patinaje sobre hielo, esquí, alpinismo, bolos, o «toboganning» y «snowmobiling».

¿Dónde está el campo de golf más próximo?	**Where's the nearest golf course?**	uêrs ðö niirösst ghalf koorss
¿Podemos alquilar palos de golf?	**Can we rent clubs?**	kæn ui rênt klöbs
¿Dónde están las canchas de tenis?	**Where are the tennis courts?**	uêr aar ðö tênöss koortss
¿Puedo alquilar raquetas?	**Can I rent rackets?**	kæn ai rênt rækötss
¿Cuánto cobran por...?	**What's the charge per...?**	uatss ðö chaardӡ pör
día/partido/hora	**day/round/hour**	dei/raund/auör
¿Dónde está la pista de carreras más próxima?	**Where's the nearest race track?**	uêrs ðö niirösst reiss træk
¿Cuánto vale la entrada?	**What's the admission charge?**	uatss ðö ödmiʃön chaardӡ
¿Hay una piscina aquí?	**Is there a swimming pool here?**	is ðêr ö ssuiming puul hiir
¿Es al aire libre o cerrada?	**Is it open-air or indoors?**	is it ôôpön-êr oor indoors
¿Es de agua caliente?	**Is it heated?**	is it hiitöd
¿Puedo nadar en el lago/río?	**Can one swim in the lake/river?**	kæn uön ssuim in ðö leik/rivör
Me gustaría ver un partido de baseball.	**I'd like to see a baseball game.**	aid laik tu ssii ö beissbool gheim
¿Puede conseguirme un par de entradas?	**Can you get me a couple of tickets?**	kæn yu ghêt mi ö köpöl öv tikötss
¿Hay un partido de football por aquí este sábado?	**Is there a football game anywhere this Saturday?**	is ðêr ö futbool gheim êniuêr ðiss ssætördi
¿Quién juega?	**Who's playing?**	huus pleiing
¿Hay buena pesca por aquí?	**Is there any good fishing around here?**	is ðêr êni ghud fiʃing öraund hiir
¿Necesito una licencia?	**Do I need a permit?**	du ai niid ö pörmit
¿Dónde puedo obtenerla?	**Where can I get one?**	uêr kæn ai ghêt uön

DIVERSIONES

En la playa

¿Se puede nadar sin peligro?	**Is it safe for swimming?**	is it sseif foor **ssui**ming
¿Hay un vigilante?	**Is there a lifeguard?**	is ðêr ö **laif**ghaard
¿No es peligrosa para los niños?	**Is it safe for children?**	is it sseif foor **child**rön
Es muy tranquila.	**It's very calm.**	itss **vê**ri kalm
Hay algunas olas grandes.	**There are some big waves.**	ðêr aar ssöm bigh ueivs
¿Hay corrientes peligrosas?	**Are there any dangerous currents?**	aar ðêr **ê**ni **dein**dʒöröss **kö**öröntss
¿A qué hora sube la marea?	**What time is high tide?**	uat taim is hai taid
¿A qué hora baja la marea?	**What time is low tide?**	uat taim is lôô taid
¿A qué temperatura está el agua?	**What's the temperature of the water?**	uatss ðö **têm**pörchör öv ðö **ua**tör
Quiero alquilar...	**I want to rent...**	ai uant tu rênt
cabina	**a bathing hut**	ö **bei**ðing höt
colchón neumático	**an air mattress**	ön êr **mæt**röss
equipo de natación submarina	**some skin-diving equipment**	ssöm **sskin**daiving i**kuip**mönt
esquís acuáticos	**some water-skis**	ssöm **ua**tör sskiis
hamaca	**a deck chair**	ö dêk chêr
patín acuático	**a surfboard**	ö **ssöör**fboord
sombrilla	**a sunshade**	ö **ssön**ʃeid
toldo	**a tent**	ö tênt

PRIVATE BEACH PLAYA PARTICULAR	**NO BATHING** PROHIBIDO BAÑARSE

¿Dónde puedo alquilar un/una...?	Where can I rent a...?	uêr kæn ai rênt ö
canoa	canoe	könuu
barca de remos	rowboat	rôôbôôt
barco de vela	sailboat	sseilbôôt
barco de motor	motorboat	môôtörbôôt
¿Cuánto cobran por hora?	What's the charge per hour?	uatss ðö chaardʒ pör auör

Deportes de invierno

¿Hay una pista de patinaje sobre hielo cerca de aquí?	Is there a skating rink near here?	is ðêr ö sskeiting rink niir hiir
Quiero alquilar unos patines.	I want to rent some skates.	ai uant tu rênt ssöm sskeitss
¿Cómo están las condiciones para esquiar en Squaw Valley?	What are the skiing conditions like at Squaw Valley?	uat aar ðö sskiiing köndiʃöns laik æt sskuoo væli
¿Puedo tomar clases de esquiar allí?	Can I take skiing lessons there?	kæn ai teik skiiing lêssöns ðêr
¿Hay telesquís?	Are there ski lifts?	aar ðêr sskii liftss
Quiero alquilar...	I want to rent...	ai uant tu rênt
bastones	some poles	ssöm pôôls
botas	some boots	ssöm buutss
equipo de esquí	some skiing equipment	ssöm sskiiing ikuipmönt
esquís	some skis	ssöm sskiis
patines de cuchilla (hielo)	some ice skates	ssöm aiss sskeitss
tobogán	a toboggan	ö töbaghön
trineo	a sled	ö sslêd

DIVERSIONES

Camping—En el campo

Parques y bosques—tanto estatales como federales—en todos los EEUU disponen de zonas reservadas para acampar. Incluso es posible que pueda aparcar en reservas indias. También existen parques particulares con su propio camping. Los campings están muy llenos en verano y algunas veces es incluso posible—y necesario reservar por adelantado.

¿Podemos acampar aquí?	**Can we camp here?**	kæn ui kæmp hiir
¿Dónde puede uno acampar para una noche?	**Where can one camp for the night?**	uêr kæn uön kæmp foor ðö nait
¿Hay un camping cerca de aquí?	**Is there a camping site near here?**	is ðêr ö **kæmping** ssait niir hiir
¿Podemos instalarnos en su campo?	**May we camp in your field?**	mei ui kæmp in yoor fiild
¿Podemos aparcar nuestra caravana aquí?	**Can we park our trailer here?**	kæn ui paark aur **treilör** hiir
¿Hay agua potable?	**Is there drinking water?**	is ðêr **drinking** uatör
¿Hay tiendas en el camping?	**Are there shopping facilities on the site?**	aar ðêr ʃaping fössilötis an ðö ssait
¿Hay...?	**Are there...?**	aar ðêr
baños	**baths**	bæzs
duchas	**showers**	ʃauörs
servicios	**toilets**	toilötss
¿Cuánto cobran por...?	**What's the charge...?**	uatss ðö chaardჳ
día	**per day**	pör dei
persona	**per person**	pör **pöörssön**
un coche	**for a car**	foor ö kaar
una tienda de campaña	**for a tent**	foor ö tênt
una caravana	**for a trailer**	foor ö **treilör**

¿Hay un Albergue para jóvenes cerca de aquí?	Is there a youth hostel near here?	is ðêr ö yuuz hasstöl niir hiir
¿Sabe Vd. de alguien que podría alojarnos para esta noche?	Do you know anyone who can put us up for the night?	du yu nôô êniuön huu kæn put öss öp foor ðö nait

NO CAMPING	NO TRAILERS
PROHIBIDO ACAMPAR	PROHIBIDO A LAS CARAVANAS

Puntos de referencia

acantilado	cliff	klif
árbol	tree	trii
arroyo	stream	sstriim
barcaza	ferry	fêri
bosque	forest	forêsst
cadena de montañas	mountain range	mauntön reindʒ
camino	track	træk
campo	field	fiild
canal	canal	könæl
carretera	highway	haiuei
casa	house	hauss
cascada	waterfall	uatörfool
casita de campo	cottage	katidʒ
colina	hill	hil
cruce	crossroads	krossrôôds
desierto	desert	dêsört
dunas	dunes	duuns
edificio	building	bilding
estanque	pond	pand
ferrocarril	railroad	reilrôôd
granja	farm	faarm
iglesia	church	chöörch
lago	lake	leik
laguna	lagoon	löghuun
maizal	cornfield	koornfiild
manantial	spring	sspring
mar	sea	ssii
marisma	swamp/bayou*	ssuæmp/baiuu
montaña	mountain	mauntön
pico	peak	piik

* palabra de Louisana

CAMPING — EN EL CAMPO

plantación	**plantation**	plænte**i**ʃön
pozo	**well**	uêl
pueblo	**village**	vilidʒ
puente	**bridge**	bridʒ
reserva india	**Indian reservation**	indiön rêsörve**i**ʃön
río	**river**	rivör
senda	**trail**	treil
sendero	**path**	pæz
valle	**valley**	væli
viña	**vineyard**	vinyörd

NO TRESPASSING
ENTRADA PROHIBIDA

¿Está lejos ... ?	**How far is it to... ?**	hau faar is it tu
¿A qué distancia estamos de la próxima ciudad?	**How far is the next town?**	hau faar is ðö nêksst taun
¿Cómo se llama esta ciudad?	**What's the name of this town?**	uatss ðö neim öv ðiss taun
¿Estamos en el buen camino para ... ?	**Are we on the right road for... ?**	aar ui an ðö rait rôôd foor
¿Adónde lleva esta carretera?	**Where does this road lead to?**	uêr dös ðiss rôôd liid tu
¿Puede enseñarme en el mapa dónde estamos?	**Can you show on the map where we are?**	kæn yu ʃôô an ðö mæp uêr ui aar
¿Cómo se llama este río?	**What's the name of that river?**	uatss ðö neim öv ðæt rivör
¿Qué altura tiene esta montaña?	**How high is that mountain?**	hau hai is ðæt **maunt**ön

...y si está cansado de andar, puede intentar hacer auto-stop—
pero es posible que tendrá que esperar un buen rato hasta que
alguien se pare. La policía mira con muy malos ojos a los que
hacen auto-stop; en algunos Estados está incluso prohibido.

¿Puede llevarme hasta ... ?	**Can you give me a lift to... ?**	kæn yu ghiv mi ö lift tu

Haciendo amigos

Presentaciones

He aquí algunas frases que le ayudarán a iniciar una conversación:

Encantado.	**How do you do?**	hau du yu du
¿Cómo está Vd.?	**How are you?**	hau aar yu
Muy bien, gracias.	**Very well, thank you.**	vêri uêl zænk yu
¿Qué tal la vida?	**How's life?**	haus laif
Muy bien, gracias. Y Vd.?	**Fine, thanks. And you?**	fain zænkss. ænd yu
¿Puedo presentarle a la Señorita Philips?	**May I introduce Miss Philips?**	mei ai intröduuss miss filöpss
Quiero que conozca a un amigo mío.	**I'd like you to meet a friend of mine.**	aid laik yu tu miit ö frênd öv main
John, le presento a ...	**John, this is...**	dʒan ðiss is
Me llamo ...	**My name's...**	mai neims
Encantado en conocerle.	**Glad to know you.**	ghlæd tu nôô yu

La «continuación»

¿Cuánto tiempo hace que están aquí?	**How long have you been here?**	hau long hæv yu bin hiir
Hace una semana que estamos aquí.	**We've been here a week.**	uiiv bin hiir ö uiik
¿Es ésta su primera visita?	**Is this your first visit?**	is ðiss yoor föörsst visöt
No, vinimos el año pasado.	**No, we came here last year.**	nôô ui keim hiir læsst yiir
¿La está pasando bien?	**Are you enjoying your stay?**	aar yu indʒooing yoor sstei
Sí, me gusta mucho ...	**Yes, I like ... very much.**	yêss ai laik ... vêri möch
¿Ha venido solo/sola?	**Are you on your own?**	aar yu an yoor ôôn

He venido con …	**I'm with…**	aim uiz
mi marido	**my husband**	mai hösbönd
mi mujer	**my wife**	mai uaif
mi familia	**my family**	mai fæmli
mis padres	**my parents**	mai pæröntss
unos amigos	**some friends**	ssöm frênds
¿De dónde es Vd.?	**Where do you come from?**	uêr du yu köm fröm
¿De qué parte de … es Vd.?	**What part of… do you come from?**	uat paart öv … du yu köm fröm
Soy de …	**I'm from…**	aim fröm
¿Dónde reside?	**Where are you staying?**	uêr aar yu ssteiing
Soy estudiante.	**I'm a student.**	aim ö sstuudönt
Estamos aquí de vacaciones.	**We're here on vacation.**	uiir hiir an vökeiſön
He venido para negocios.	**I'm here on business.**	aim hiir an bisnöss
Espero que volvamos a vernos pronto.	**I hope we'll see you again soon.**	ai hôöp uiil ssii yu öghen ssuun
Hasta luego/Hasta mañana.	**See you later/See you tomorrow.**	ssii yu leitör/ssii yu tömaröô

El tiempo

En los EEUU se habla tanto del tiempo como nosotros. Así pués…

¡Qué dia tan bueno!	**What a great day!**	uat ö ghreit dei
¡Qué tiempo tan horrible!	**What awful weather.**	uat ooföl uêðör
¿Verdad que hace frío hoy?	**Isn't it cold today?**	isönt it kôôld tödei
¿Verdad que hace calor hoy?	**Isn't it hot today?**	isönt it hat tödei
¿No cree que mañana …?	**Do you think it'll… tomorrow?**	du yu zink itöl … tömaröô
lloverá/nevará	**rain/snow**	rein/ssnôô
se despejará/saldrá el sol	**clear up/be sunny**	kliir öp/bii ssöni

Invitaciones

Mi esposa y yo quisiéramos que viniera a cenar con nosotros el ...	**My wife and I would like you to join us for dinner on...**	mai uaif ænd ai uud laik yu tu dʒoin öss foor dinör an
¿Puede venir a cenar mañana por la noche?	**Can you come to dinner tomorrow night?**	kæn yu köm tu dinör tömarôô nait
¿Puede venir a tomar un coctel esta noche?	**Can you come over for cocktails this evening?**	kæn yu köm ôôvör foor kakteils ðiss iivning
Hay una fiesta. Viene Vd.?	**There's a party. Are you coming?**	ðörs ö paarti. aar yu köming
Es Vd. muy amable.	**That's very kind of you.**	ðætss vëri kaind öv yu
Estupendo. Me encantaría venir.	**Great. I'd love to come.**	ghreit. aid löv tu köm
¿A qué hora venimos?	**What time shall we come?**	uat taim ʃæl ui köm
¿Puedo traer a un amigo?	**May I bring a friend?**	mei ai bring ö frênd
Lo siento, nos tenemos que ir ahora.	**I'm afraid we've got to go now.**	aim öfreid uiiv ghat tu ghôô nau
La próxima vez tiene que venir a visitarnos.	**Next time you must come to visit us.**	nêksst taim yu mösst köm tu visöt öss
Gracias por la velada. Ha sido fantástica.	**Thanks for the evening. It was great.**	zænkss foor ði iivning. it uös ghreit

Citas

¿Quiere Vd. un cigarrillo?	**Would you like a cigarette?**	uud yu laik ö ssighörêt
¿Tiene fuego, por favor?	**Do you have a match please?**	du yu hæv ö mæch pliis
¿Puedo invitarle a tomar algo?	**Can I get you a drink?**	kæn ai ghêt yu ö drink
¿Está esperando a alguien?	**Are you waiting for someone?**	aar yu ueiting foor ssömuön

¿Está Vd. libre esta noche?	**Are you free this evening?**	aar yu frii ðiss **ii**vning
¿Quiere Vd. salir conmigo esta noche?	**Would you like to go out with me tonight?**	uud yu laik tu ghôô aut uiz mi tö**nait**
¿Quiere ir a bailar?	**Would you like to go dancing?**	uud yu laik tu ghôô **dæn**ssing
Conozco una buena discoteca.	**I know a good discotheque.**	ai nôô ö ghud **diss**kötêk
¿Vamos al cine?	**Shall we go to the movies?**	ʃæl ui ghôô tu ðö **muu**vis
¿Quiere que vayamos a dar una vuelta en coche?	**Would you like to go for a drive?**	uud yu laik tu ghôô foor ö draiv
¿Dónde quedamos citados?	**Where shall we meet?**	uêr ʃæl ui miit
La recogeré en su hotel.	**I'll pick you up at your hotel.**	ail pik yu öp æt yoor hô**têl**
La recogeré a las 8.	**I'll call for you at 8.**	ail kool foor yu æt 8
¿Puedo acompañarle a casa?	**May I take you home?**	mei ai teik yu hôôm
¿Puedo verle otra vez mañana?	**Can I see you again tomorrow?**	kæn ai ssii yu ö**ghên** tö**ma**rôô
Gracias, ha sido una tarde maravillosa.	**Thank you, it's been a wonderful evening.**	zænk yu itss bin ö **uön**dörföl **ii**vning
Me he divertido muchísimo.	**I've enjoyed myself tremendously.**	aiv ind**ʒ**oid mais**sêlf** trö**mên**dössli
¿Cuál es su número de teléfono?	**What's your telephone number?**	uatss yoor **tê**löfôôn **nöm**bör
¿Vive Vd. con su familia?	**Do you live with your family?**	du yu liv uiz yoor **fæm**li
¿Vive sola?	**Do you live alone?**	du yu liv ö**lôôn**
¿A qué hora es su último tren?	**What time is your last train?**	uat taim is yoor **læsst** trein

Guía de compras

Hemos proyectado esta sección para ayudarle a encontrar lo que necesite con facilidad, acierto y rapidez. Contiene:

1. una lista de las tiendas, almacenes y servicios más importantes (páginas 98 y 99);

2. algunas de las expresiones más corrientes que necesitará cuando vaya de compras para poder ser específico y selectivo (página 100);

3. toda clase de detalles sobre tiendas y establecimientos de los cuales, probablemente, necesitará Vd. servirse. Encontrará advertencias, listas de artículos por orden alfabético y tablas de conversiones, cada una bajo uno de los encabezados que damos a continuación.

Tiendas, almacenes y servicios

En el centro de la ciudad, la mayoría de los comercios abren sin interrupción desde las 9,30 de la mañana hasta las 6 de la tarde, de lunes a sábado; desde el mediodía hasta las 5 de la tarde los domingos. Los centros comerciales abren desde las 9,30 de la mañana hasta las 9 de la noche o más tarde; los domingos desde mediodía hasta las 5 de la tarde. En ciertos barrios de trasnochadores—como Greenwich Village de Nueva York o Near North Side de Chicago—algunos comercios acogen a los noctámbulos hasta las tantas de la madrugada. Las tiendas, farmacias y *delicatessens* (comida preparada) generalmente abren los domingos.

Los grandes almacenes tienen a menudo un intérprete al servicio de los clientes. En estos establecimientos siempre hay una planta—el sótano en general—con los saldos y rebajas. Los comercios de descuento, «Discount stores», ofrecen también una amplia selección de artículos a precios muy atractivos.

Recuerde que, según la ciudad en la que se encuentre, se añade una tasa o impuesto sobre la venta al precio de lo que compre.

¿Dónde está el/la ... más próximo?	**Where's the nearest... ?**	uêrs ðö niirösst
agencia de viajes	**travel agent**	trævöl eidʒönt
alimentos dietéticos (tienda de)	**health food shop**	hêlz fuud ʃap
antigüedades	**antique shop**	æntiik ʃap
artículos de cuero	**leather goods store**	lêðör ghuds sstoor
artículos de deporte	**sporting goods store**	sspoorting ghuds sstoor
banco	**bank**	bænk
barbería (peluquería)	**barber shop**	baarbör ʃap
bodega (licorería)	**liquor store**	likör sstoor
bombonería (dulcería)	**candy store**	kændi sstoor
carnicería	**butcher shop**	buchör ʃap
comercio de descuento	**discount store**	disskaunt sstoor
comestibles	**grocery store**	ghrôôssri sstoor
comisaría	**police station**	pöliiss ssteiʃön
dentista	**dentist**	dêntisst
doctor	**doctor**	daktör
estanco (tabaquería)	**tobacco shop**	töbækôô ʃap

farmacia	drugstore	dröghsstoor
fiambres	delicatessen	dělikötêssön
ferretería	hardware store	haarduêr sstoor
florista	florist	floorisst
fotógrafo	photographer	fötaghröför
galería de arte	art gallery	aart ghælöri
grandes almacenes	department store	döpaartmönt sstoor
hospital	hospital	hasspötöl
joyería	jeweler	dʒuulör
juguetería	toy store	toi sstoor
lavandería	laundry	loondri
lavandería automática	launderette	loondrêt
lechería	dairy store	dêiri sstoor
librería	book store	buk sstoor
limpiabotas	bootblack	buutblæk
mercado	market	maarköt
mercado de frutas y legumbres	fruit and vegetable market	fruut ænd vêdʒtöböl maarköt
modista	dressmaker	drêssmeikör
novedades	dry goods store	drai ghuds sstoor
oficina de correos	post office	pôôst aföss
oficina de telégrafos	Western Union office	uêsstörn yuunyön aföss
óptica	optician	aptiʃön
panadería	bakery	beiköri
papelería	stationery store	ssteiʃönêri sstoor
peletería	furrier	fööriör
pescadería	fish market	fif maarköt
quiosco de cigarrillos	cigarette stand	ssighörêt sstænd
quiosco de periódicos	newsstand	nuussstænd
recuerdos	souvenir shop	ssuvöniir ʃap
relojero	watchmaker	uachmeikör
salón de belleza	beauty salon	byuuti ssölan
sastre	tailor	teilör
sastre de camisas	shirt-maker	ʃöört meikör
sombrerería	hat shop	hæt ʃap
supermercado	supermarket	ssuupör maarköt
tabacalera	cigar store	ssighaar sstoor
tienda de discos	record store	rêkörd sstoor
tienda de fotografía	camera store	kæmrö sstoor
tintorería	dry cleaner	drai kliinör
veterinario	veterinarian	vêtörönêriön
zapatería	shoe store	ʃuu sstoor

GUIA DE COMPRAS

Expresiones generales

He aquí algunas que le serán muy útiles cuando vaya de compras:

¿Dónde?

¿Dónde hay un buen ...?	**Where's a good...?**	uêrs ö ghud
¿Dónde puedo encontrar un ...?	**Where can I find a...?**	uêr kæn ai faind ö
¿Dónde venden ...?	**Where do they sell...?**	uêr du ðei ssêl
¿Puede aconsejarme un ... no muy caro?	**Can you recommend an inexpensive...?**	kæn yu rêkömênd ön inikssppênssiv
¿Dónde está la zona comercial?	**Where's the main shopping area?**	uêrs ðö mein ʃaping êriö
¿A qué distancia está de aquí?	**How far is it from here?**	hau faar is it fröm hiir
¿Cómo puedo ir hasta allí?	**How do I get there?**	hau du ai ghêt ðêr

Servicio

¿Puede atenderme?	**Can you help me?**	kæn yu hêlp mi
Estoy sólo mirando.	**I'm just looking around.**	aim dʒösst luking öraund
Quisiera ...	**I want...**	ai uant
¿Puede enseñarme unos ...?	**Can you show me some...?**	kæn yu ʃôô mi ssöm
¿Tiene Vd. ...?	**Do you have any...?**	du yu hæv êni

Ese (a)

¿Puede enseñarme?	**Can you show me...?**	kæn yu ʃôô mi
ése/aquéllos	**that/those**	ðæt/ðôôs
el del escaparate	**the one in the window**	ðö uön in ðö uindôô
el de la vitrina	**the one in the display case**	ðö uön in ðö dissplei keiss
Está allí.	**It's over there.**	itss ôôvör ðêr

Definiendo el artículo

Quisiera un (a) ...	I'd like ...	aid laik
artificial	an artificial	ön aartöfiʃöl
barato	a cheap	ö chiip
blando	a soft	ö ssoft
bueno	a good	ö ghud
claro	a light	ö lait
corto	a short	ö ʃoort
cuadrado	a square	ö sskuêr
duro	a hard	ö haard
en color	a colored	ö kölörd
grande	a big	ö bigh
grande	a large	ö laardʒ
largo	a long	ö long
ligero	a light	ö lait
natural	a natural	ö næchöröl
oscuro	a dark	ö daark
ovalado	an oval	ön ôôvöl
pesado	a heavy	ö hêvi
pequeño	a small	ö ssmool
rectangular	a rectangular	ö rêktængyölör
redondo	a round	ö raund

| No lo quiero demasiado caro. | I don't want anything too expensive. | ai dôônt uant ênizing tuu iksspênssiv |

Preferencia

| ¿Puede enseñarme algunos más? | Can you show me some more? | kæn yu ʃôô mi ssöm moor |
| ¿No tiene algo más...? | Haven't you anything...? | hævönt yu ênizing |

| barato/bueno | cheaper/better | chiipör/bêtör |
| grande/pequeño | larger/smaller | laardʒör/ssmoolör |

¿Cuánto es?

¿Cuánto cuesta esto?	How much is this?	hau möch is ðiss
No comprendo.	I don't understand.	ai dôônt öndörsstænd
Escríbalo, por favor.	Please write it down.	pliis rait it daun
No quiero gastar más de ...	I don't want to spend more than...	ai dôônt uant tu sspênd moor ðæn

Decisión

Esto es exactamente lo que quiero.	**That's just what I want.**	ðætss dʒösst uat ai uant
No es exactamente lo que quiero.	**It's not quite what I want.**	itss nat kuait uat ai uant
No, no me gusta.	**No, I don't like it.**	nôô ai dôônt laik it
Me lo llevo.	**I'll take it.**	ail teik it

Encargando

¿Puede encargarme uno?	**Can you order it for me?**	kæn yu oordör it foor mi
¿Cuánto tardará?	**How long will it take?**	hau long uil it teik

Entregando

Me lo llevo yo mismo.	**I'll take it with me.**	ail teik it uiz mi
Mándelo al hotel...	**Deliver it to the... Hotel.**	dilivör it tu ðö... hôôtêl
Por favor, mándelo a esta dirección.	**Please send it to this address.**	pliis ssênd it tu ðiss ödrêss
¿Tendré dificultades con la Aduana?	**Will I have any difficulty with the customs?**	uil ai hæv êni difikölti uiz ðö kösstöms

Pagando

¿Cuánto cuesta?	**How much is it?**	hau möch is it
¿Puedo pagar con un cheque de viajero?	**Can I pay by traveler's check?**	kæn ai pei bai trævlörs chêk
¿Acepta pesetas?	**Do you accept pesetas?**	du yu ökssêpt pösseitöss
¿Acepta tarjetas de crédito?	**Do you accept credit cards?**	du yu ökssêpt krêdöt kaards
¿No se ha equivocado en la factura?	**Haven't you made a mistake in the bill?**	hævönt yu meid ö missteik in ðö bil
¿Me da un recibo, por favor?	**Can I please have a receipt?**	kæn ai pliis hæv ö rissiit

¿Algo más?

No, gracias, eso es todo.	**No, thanks, that's all.**	nôô zænkss ðætss ool
Sí, quisiera ...	**Yes, I want...**	yéss ai uant
Enséñeme...	**Show me...**	ʃôô mi
Gracias. Adiós.	**Thank you. Goodby.**	zænk yu. ghudbai

Insatisfecho

¿Puede cambiarme esto, por favor?	**Can you please exchange this?**	kæn yu pliis êksscheindʒ ðiss
Quiero devolver esto.	**I want to return this.**	ai uant tu ritöörn ðiss
Quisiera un reembolso.	**I'd like a refund.**	aid laik ö riifônd.
He aquí el recibo.	**Here's the receipt.**	hiirs ðö rissiit

Can I help you?	¿Puedo servirle?
What... would you like?	¿Qué... desearía?
color/shape quality/quantity	color/forma calidad/cantidad
I'm sorry, we haven't any.	Lo siento, no tenemos.
We're out of stock.	Se nos ha agotado.
Shall we order it for you?	¿Se lo encargamos?
Will you take it with you or shall we send it?	¿Se lo lleva o se lo mandamos?
Anything else?	¿Algo más?
That's... dollars, please.	Son... dólares, por favor.
We don't accept...	No aceptamos...
credit cards personal checks traveler's checks	tarjetas de crédito cheques personales cheques de viajero
The cashier's over there.	El cajero está allí.

Aparatos eléctricos

La corriente eléctrica en los EEUU es de 60-ciclos, 110-voltios AC. Los enchufes tienen que ser de dos púas planas. Asegúrese que su secador de cabello o máquina de afeitar están adaptados al sistema americano.

Quiero un enchufe para este...	I want a plug for this...	ai uant ö plögh foor ðiss
¿Tiene una pila para este...?	Do you have a battery for this...?	du yu hæv ö bætri foor ðiss
Quiero una aguja nueva.	I want a new needle.	ai uant ö nuu niidöl
Está roto. Puede repararlo?	This is broken. Can you fix it?	ðiss is brôôkön. kæn yu fikss it
¿Cuándo estará listo?	When will it be ready?	uên uil it bii rêdi
Quisiera...	I'd like...	aid laik
adaptador	an adaptor	ön ödæptör
altavoces	some speakers	ssöm sspiikörs
amplificador	an amplifier	ön æmplöfaiör
batidora	a food mixer	ö fuud mikssör
cafetera eléctrica	a percolator	ö pöörköleitör
enchufe	a plug	ö plögh
hervidor	a kettle	ö kêtöl
licuadora	a blender	ö blêndör
magnetofón	a tape recorder	ö teip rikoordör
magnetofón a cassette	cassette tape recorder	kössêt teip rikoordör
máquina de afeitar	a shaver	ö ʃeivör
pila	a battery	ö bætri
plancha de viaje	a travel iron	ö trævöl aiörn
portatil ...	a portable...	ö poortöbol
radio	a radio	ö reidiôô
radio para coche	car radio	kaar reidiôô
reloj	a clock	ö klak
reloj de pared	wall clock	uool klak
secador de pelo	a hair dryer	ö hêr draiör
televisor	a television	ö telöviʒön
televisor de color	color television	kölör telöviʒön
tocadiscos	a record player	ö rêkörd pleiör
tostadora	a toaster	ö tôôsstör
transformador	a transformer	ö trænsfoormör

Discos – Casetes

¿Tiene algún disco de...?	Do you have any records by...?	du yu hæv êni rêkörds bai
¿Tiene el último LP de...?	Do you have ...'s latest album?	du yu hæv ...'s leitösst ælböm
¿Puedo escuchar este disco?	Can I listen to this record?	kæn ai lissön tu ðiss rêkörd
Quisiera...	I'd like a...	aid laik ö
un casete (virgen)	(blank) cassette	(blænk) kössêt
un disco compacto	compact disc (CD)	kampækt disk (sii-dii)
un video casete	video cassette	viidiôô kössêt

33 revoluciones	L.P.	êl pii
maxi 45	E.P.	ii pii
45 revoluciones	single	ssingghöl

jazz	jazz	dʒæs
música clásica	classical music	klæssiköl myuusik
música de cámara	chamber music	cheimbör myuusik
música de rock	rock music	rak myuusik
música folklórica	folk music	fôôk myuusik
música instrumental	instrumental music	insströmêntöl myuusik
música ligera	light music	lait myuusik
música para orquesta	orchestra music	oorkösströ myuusik
música pop	pop music	pap myuusik
música popular americana	country music	köntri myuusik
Negro spirituals	Negro spirituals	niigrôô sspirichöls

Camping

Hay comercios especializados para la venta de objetos de camping cerca de casi todos los parques estatales y federales. Ciertos objetos de camping también pueden ser alquilados. Nos hemos preocupado por aquellos suministros que pueden serle necesarios.

Quisiera...	I'd like...	aid laik
abre-botellas	a bottle opener	ö batöl ôôpönör
abrelatas	a can opener	ö kæn ôôpönör
alcohol	some wood alcohol	ssöm uud ælköhool
bolsa para hielo	an ice-bag	ön aissbægh
bolsa para la merienda	a picnic case	ö piknik keiss
botiquín	a first-aid kit	ö föörssteid kit
cacerola	a saucepan	ö ssoosspæn
cama de camping	a camp bed	ö kæmp bêd
cerillos	some matches	ssöm mæchös
colchón	a mattress	ö mætröss
compás	a compass	ö kömpöss
conjunto de utensilios	a tool kit	ö tuul kit
cubiertos	some cutlery	ssöm kötlöri
cubo	a bucket	ö bököt
cuerda	a rope	ö rôôp
destornillador	a screwdriver	ö skruudraivör
equipo de camping	some camping equipment	ssöm kæmping ikuipmön
estaca de tienda	a tent-peg	ö têntpêgh
gas butano	some butane gas	ssöm byuutein ghæss
hacha	an axe	ön ækss
hamaca	a hammock	ö hæmök
hervidor	a kettle	ö kêtöl
horno	a primus stove	ö praimöss sstôôv
keroseno	some kerosene	ssöm kêrössiin
lámpara	a lamp	ö læmp
linterna	a flashlight	ö flæflait
loza	some crockery	ssöm kraköri
macuto	a knapsack	ö næpssæk
martillo	a hammer	ö hæmör
mesa	a table	ö teiböl
mesa plegable	folding table	fôôlding teiböl
navaja	a penknife	ö pênnaif
navaja con funda	a sheathknife	ö fiiznaif
olla	a stewpan	ö sstuupæn
olla a presión	a pressure cooker	ö prêför kukör

poste de tienda	a tent-pole	ö têntpôôl
protección de caucho	a groundsheet	ö ghraundʃiit
redecilla para mosquitos	a mosquito net	ö mösskiitôô nêt
sacacorchos	a corkscrew	ö koorksskruu
saco para dormir	a sleeping bag	ö ssliiping bægh
sartén	a frying pan	ö fraiing pæn
silla	a chair	ö chêr
silla plegable	folding chair	fôôlding chêr
termo (botella)	a thermos bottle	ö zöörmöss batöl
termo (jarra)	a thermos jug	ö zöörmöss dʒög
tenazas	some tongs	ssöm tangs
tienda de campaña	a tent	ö tênt
tijeras	some scissors	ssöm ssisörs
trastos para pescar	some fishing tackle	ssöm fiʃing tæköl
tumbona	a deck chair	ö dêk chêr
velas	some candles	ssöm kændöls

Vajilla

fiambrera	food box	fuud bakss
platitos	saucers	ssoossörs
platos	plates	pleitss
tazas	cups	köpss
timbal	mugs	möghs
vaso	tumblers	tömblörs

Cubiertos

cucharas	spoons	sspuuns
cucharitas	teaspoons	tiisspuuns
cuchillos	knives	naivs
cuchillos para postre	dessert knives	disöört naivs
tenedores	forks	foorkss
(de) plástico	(made of) plastic	(meid öv) plæsstik
(de) acero inoxidable	(made of) stainless steel	(meid öv) ssteinlöss sstiil

Comestibles

He aquí una lista básica de comida y bebida que le será útil para una comida en el campo, o una comida ligera en casa.

Quisiera..., por favor. | **I'd like some..., please.** | aid laik ssöm... pliis

azúcar	**sugar**	ʃughör
bocadillos	**sandwiches**	ssænduichös
bollitos de pan	**rolls**	rôôls
café	**coffee**	kafi
crema, nata	**cream**	kriim
chocolate	**chocolate**	chaklöt
chorizo	**salami**	ssölæmi
dulces	**candy**	kændi
ensalada	**salad**	ssælöd
espaguetis	**spaghetti**	sspöghêti
fiambres	**cold cuts**	kôôld kötss
foie-gras	**pâté**	paatei
galletas	**cookies**	kukis
galletas crujientes	**crackers**	krækörs
grasa para cocer	**cooking fat**	kuking fæt
hamburguesas	**hamburgers**	hæmböörghörs
harina	**flour**	flauör
helado	**ice-cream**	aisskriim
huevos	**eggs**	êghs
jamón	**ham**	hæm
jugo	**juice**	dʒuuss
ketchup	**ketchup**	kêchöp
lechuga	**lettuce**	lêtöss
limonada	**lemonade**	lêmöneid
limones	**lemons**	lêmöns
mantequilla	**butter**	bötör
manzanas	**apples**	æpöls
mostaza	**mustard**	mösstörd
naranjas	**oranges**	ooröndʒös
pan	**bread**	brêd
papas	**potatoes**	pöteitôôs
papas fritas	**potato chips**	pöteitôô chipss
pastel	**cake**	keik
pepinos	**cucumbers**	kyuukömbörs
picantes	**pickles**	piköls
pimienta	**pepper**	pêpör
plátanos	**bananas**	bönænös
queso	**cheese**	chiis
queso fundido	**cheese spread**	chiis ssprêd

sal	**salt**	ssoolt
salchichas	**sausages**	ssoossidʒös
salchichas de Frankfurt	**frankfurters**	frænkförtörs
salchichas de hígado	**liver sausage**	livör ssoossidʒ
salchichón	**luncheon meat**	lönchön miit
sopa	**soup**	ssuup
té	**tea**	tii
tomates	**tomatoes**	tömeitôôs

Y no se olvide...

un abrebotellas	**a bottle opener**	ö batöl ôôpönör
un abrelatas	**a can opener**	ö kæn ôôpönör
cerillos	**matches**	mæchös
un sacacorchos	**a corkscrew**	ö koorksskruu
servilletas (de papel)	**(paper) napkins**	(peipör) næpköns

Pesos y medidas*	
16 (20) ounces (oz.) = 1 pint (pt.)	2 pints (pt.) = 1 quart (qt.)
100 g. = 3.5 oz.	½ kg. = 1.1 lb.
200 g. = 7.0 oz.	1 kg. = 2.2.lb.
1 oz. = 28.35 g.	1 lb. = 453.60 g.
4 quarts (qt.) = 1 gallon (gal.)	1 quart = 0.95 (1.14) l.
1 litre (l.) = 1.06 (0.88) quarts	1 gallon = 3.8 (4.5) l.

barril	**barrel**	bæröl
caja	**box**	bakss
caja de embalaje	**crate**	kreit
cartón	**carton**	kaartön
jarra	**jar**	dʒaar
lata	**can**	kæn
paquete	**packet**	pæköt
tubo	**tube**	tuub

* Los números entre paréntesis son los equivalentes en Canadá.

Estanco

Como en nuestro país, los cigarrillos se piden, generalmente, refiriéndose a su marca. Muchas marcas americanas son conocidas internacionalmente. Las tabaquerías más importantes venden también cigarrillos extranjeros, puros y tabaco de pipa. Continúa un embargo muy estricto para la importación de tabaco cubano.

Déme..., por favor.	Give me..., please.	ghiv mi... pliis
boquilla	a cigarette holder	ö ssighörêt hôôldör
cerillos	some matches	ssöm mæchös
encendedor	a cigarette lighter	ö ssighörêt laitör
gasolina	lighter fluid	laitör fluuöd
gas de mechero	lighter gas	laitör ghæss
repuesto	refill for a lighter	riifil foor ö laitör
mecha	a wick	ö uik
paquete de... (puros)	a box of...	ö bakss öv
paquete de... (cigarrillos)	a pack of...	ö pæk öv
piedras	some flints	ssöm flintss
pipa	a pipe	ö paip
escobillas	pipe cleaners	paip kliinörs
para pipas estante	pipe rack	paip ræk
tabaco de pipa	pipe tobacco	paip töbækôô
instrumento de limpieza	pipe tool	paip tuul
pitillera	a cigarette case	ö ssighörêt keiss
polvo de tabaco	some snuff	ssöm ssnöf
puro	a cigar	ö ssighaar
puros	some cigars	ssöm ssighaars
tabaco para mascar	some chewing tobacco	ssöm chuuing töbækôô
tabaquera	a tobacco pouch	ö töbækôô pauch
¿Tiene...?	Do you have any...?	du yu hæv êni
cigarrillos mejicanos	Mexican cigarettes	mêkssikön ssighörêtss
cigarrillos españoles	Spanish cigarettes	sspæniʃ ssighörêtss
mentolados	menthol cigarettes	mênzôôl ssighörêtss

con filtro	filter tipped	filtör tipt
sin filtro	without filter	uiðaut filtör
extra-largos	king-size	kingssais

| Déme dos paquetes. | **I'll take two packs.** | ail teik tuu pækss |
| Quisiera un cartón. | **I'd like a carton.** | aid laik ö **kaart**ön |

Y ya que hablamos de cigarillos, quizás querrá ofrecer uno a alguien:

¿Quiere un cigarrillo?	**Would you like a cigarette?**	uud yu laik ö ssighö**rêt**
Tome uno de los míos.	**Have one of mine.**	hæv uön öv main
Pruebe uno de éstos.	**Try one of these.**	trai uön öv ðiis
Son muy suaves.	**They're very mild.**	ðêr **vê**ri maild
Son un poco fuertes.	**They're a bit strong.**	ðêr ö bit sstrong

¿ Y si alguien le ofrece uno?

Gracias.	**Thank you.**	zænk yu
No, gracias,	**No, thanks.**	nôô zænkss
No fumo.	**I don't smoke.**	ai dôônt ssmôôk
He dejado de fumar.	**I've given it up.**	aiv **gi**vên it öp

Drugstore

El omnipresente drugstore ofrece un sorprendente despliegue de mercancías como artículos fotográficos, caramelos, cigarrillos, relojes, cosméticos, postales, helados, joyas, libros de bolsillo, juguetes, a veces incluso licores. Pero el objetivo principal del drugstore es, naturalmente, preparar y vender recetas, medicinas y artículos médicos.

Muchos drugstores tienen, además, restaurante (de barra) y también teléfonos públicos.

Están abiertos al público mucho más tiempo que los demás establecimientos, y algunos trabajan hasta muy tarde e incluso toda la noche. Salvo en caso de emergencias, un farmacéutico americano nunca prepara recetas de doctores extranjeros.

Esta sección ha sido dividida en dos partes:

1. Farmacéuticos—medicinas, botiquín, etc.
2. Artículos de tocador—cosméticos, etc.

En general

¿Dónde está la farmacia (de guardia) más próxima?	**Where's the nearest (all-night) druggist?**	uêrs ðö niirösst (oolnait) dröghisst
¿A qué hora abre/cierra la farmacia?	**What time does the drugstore open/close?**	uat taim dös ðö dröghsstoor ôôpön/klôôs

Parte 1 — Farmacéuticos

Quiero algo para ...	**I want something for...**	ai uant ssömzing foor
un resfriado/la tos	**a cold/a cough**	ö kôôld/ö kof
romadizo	**hay fever**	hei fiivör
cruda (resaca)	**a hangover**	ö hængôôvör
quemaduras de sol	**sunburn**	ssönböörn
mareo	**travel sickness**	trævöl ssiknöss
estómago trastornado	**an upset stomach**	ön öpssêt sstömök
¿Puede prepararme esta receta?	**Can you make up this prescription for me?**	kæn yu meik öp ðiss prisskripſön foor mi

Puede vendérmelo n receta?	**Can I get it without a prescription?**	kæn ai ghêt it uiðaut ö prisskripʃön
Puede darme...?	**Can I have...?**	kæn ai hæv
ceite de castor	some castor oil	ssöm kæsstör oil
lcali	some ammonia	ssöm ömôônyö
lgodón	some cotton wool	ssöm katön uuul
nticonceptivos	some contraceptives	ssöm kantrössêptivs
spirina	some aspirin	ssöm æssprin
otiquín	a first-aid kit	ö föörssteid kit
almantes	some tranquilizers	ssöm trænkuölaisörs
allicidas	some corn plasters	ssöm koorn plæsstörs
ompresas higiénicas	some sanitary napkins	ssöm ssænötöri næpköns
Dermo-plast	some Band-Aids	ssöm bændeids
lesinfectante	some disinfectant	ssöm dissinfêktönt
argarismo	some gargle	ssöm ghaarghöl
otas para la tos	some cough drops	ssöm kof drapss
otas para los oídos	some ear drops	ssöm iir drapss
hilas de gasa	some gauze	ssöm ghoos
axante	a laxative	ö lækssötiv
« pastillas de hierro »	some iron pills	ssöm aiörn pils
pastillas diabéticas	some diabetic lozenges	ssöm daiöbêtik lasöndʒös
pastillas digestivas	some stomach pills	ssöm sstömök pils
pastillas para la garganta	some throat lozenges	ssöm zrôôt lasöndʒös
repelente para insectos	some insect repellent	ssöm inssêkt ripêlönt
ropas quirúrgicas	some surgical dressing	ssöm ssöördʒiköl dressing
sedante	a sedative	ö ssêdötiv
somnífero	some sleeping pills	ssöm ssliiping pils
tabletas de calcio	some calcium tablets	ssöm kælssyöm tæblötss
tabletas para adelgazar	some weight-reducing tablets	ssöm ueitriduussing tæblötss
termómetro	a thermometer	ö zörmamötör
tónico	a tonic	ö tanik
venda	some bandage	ssöm bændidʒ
venda de crespón	some crepe bandage	ssöm kreip bændidʒ
vitaminas	some vitamin pills	ssöm vaitömön pils
yodo	some iodine	ssöm aiödain

Parte 2 — Artículos de tocador

Quisiera un/una ...	I'd like ...	aid laik
aceite para el sol	**some sun-tan oil**	ssöm **ss**öntæn oil
agua de Colonia	**some Cologne**	ssöm kölôôn
astringente	**an astringent**	ön æsstrindʒönt
borla de polvos	**a powder puff**	ö paudör pöf
brocha de afeitar	**a shaving brush**	ö ʃeiving bröʃ
carmín	**some rouge**	ssöm ruuʒ
cepillo de dientes	**a toothbrush**	ö tuuzbröʃ
cepillo de uñas	**a nail brush**	ö neil bröʃ
colorete	**some lipstick**	ssöm **lip**sstik
corta-uñas	**some nail clippers**	ssöm neil **klip**örs
crema	**some cream**	ssöm kriim
de afeitar	**shaving cream**	ʃeiving kriim
de base	**foundation cream**	faunde**iʃ**ön kriim
de enzimas	**enzyme cream**	**ê**nsaim kriim
de labios	**lipsalve**	**lip**ssæv
de noche	**night cream**	nait kriim
fría	**cold cream**	kôôld kriim
humidificadora	**moisturizing cream**	moiss**chö**raising kriim
limpiadora	**cleansing cream**	**klên**sing kriim
para cutículas	**cuticle cream**	**kyuu**tiköl kriim
para el acné	**acne cream**	**æk**ni kriim
para el sol	**sun-tan cream**	**ss**öntæn kriim
para los manos	**hand cream**	hænd kriim
para los pies	**foot cream**	fut kriim
cubitos para el baño	**some bath cubes**	ssöm bæz kyuubs
champú	**some shampoo**	ssöm ʃæm**puu**
desodorante	**some deodorant**	ssöm di**ôô**dörönt
envase para el rostro	**some face pack**	ssöm feiss pæk
esmalte de uñas	**a nail polish**	ö neil **pali**ʃ
estuche de maquillaje	**a make-up bag**	ö **mei**köp bægh
fortificador de uñas	**some nail strengthener**	ssöm neil **sstrêng**zönör
imperdibles	**some safety pins**	ssöm **ssei**fti pins
jabón	**some soap**	ssöm ssôôp
jabón de afeitar	**some shaving soap**	ssöm ʃeiving ssôôp
lápiz de ojos	**an eye pencil**	ön ai **pên**ssöl
lima de esmeril	**an emery board**	ön **ê**möri boord
lima de uñas	**a nail file**	ö neil fail
loción de después de afeitarse	**some after-shave lotion**	ssöm **æf**tör ʃeiv lôôʃön
loción para los manos	**some hand lotion**	ssöm hænd lôôʃön
máscara	**some mascara**	ssöm mæss**kæ**rö

paño para lavarse	a washcloth	ö uoʃkloz
pañuelos de papel	some tissues	ssöm tiʃuus
papel higiénico	some toilet paper	ssöm toilöt peipör
pasta de dientes	some toothpaste	ssöm tuuzpeisst
perfilador de ojos	an eye liner	ön ai lainör
perfume	some perfume	ssöm pöörfyuum
pincel para labios	a lipstick brush	ö lipsstik bröʃ
pinzas	some tweezers	ssöm tuiisörs
polvos	some powder	ssöm paudör
polvos de dientes	some toothpowder	ssöm tuuzpaudör
polvos para la cara	some face powder	ssöm feisspaudör
polvos talco	some talcum powder	ssöm tælköm paudör
quita-cutículas	some cuticle remover	ssöm kyuutiköl rimuuvör
quita-esmalte	some nail polish remover	ssöm neil paliʃ rimuuvör
quita-maquillaje	some make-up remover pads	ssöm meiköp rimuuvör pæds
sales de baño	some bath salts	ssöm bæz ssooltss
sombra de ojos	some eye shadow	ssöm ai ʃædôô
tijeras de uñas	some nail scissors	ssöm neil ssisörs
toalla	a towel	ö tauöl

Para el cabello

aceite	some hair oil	ssöm hêr oil
cepillo	a hair brush	ö hêr bröʃ
colorido	a hair dye	ö hêr dai
fijador	some hair setting lotion	ssöm hêr ssêting lôôʃön
laca	some hair lacquer	ssöm hêr lækör
pasador	some hairpins	ssöm hêrpins
pasadores	some bobby pins	ssöm babi pins
peine	a comb	ö kôôm
peineta	some grips	ssöm ghripss
peluca	a wig	ö uigh
pulverizador	some hair spray	ssöm hêr ssprei
red	a hairnet	ö hêrnêt
rizadores	some curlers	ssöm köörlörs
rulos	some rollers	ssöm rôôlörs
tinte	a hair tint	ö hêr tint

Fotografía —Cámaras

En los Estados Unidos se emplea solamente el número ASA para determinar la sensibilidad de los rollos. Si está acostumbrado al sistema DIN pregunte al fotógrafo o busque en las instrucciones del rollo una tabla comparativa de los dos sistemas.

Quiero una cámara fotográfica barata.	**I want an inexpensive camera.**	ai uant ön iniksspênssiv kæmrö
Enséñeme la que está en el escaparate.	**Show me that one in the window.**	ʃôô mi ðæt uôn in ðö uindôô

Rollos/Películas

Quisiera...	**I'd like...**	aid laik
cargador	**a cartridge**	ö kaartridʒ
rollo para esta máquina	**a film for this camera**	ö film foor ðiss kæmrö
rollo 120 (6×6)	**a 120 film**	ö uôn tuênti film
rollo 126 (26×26)	**a 126 film**	ö uôn tuênti-ssikss film
rollo 127 (4×4)	**a 127 film**	ö uôn tuênti-ssêvön film
rollo 135 (24×36)	**a 135 film**	ö uôn zöörti-faiv film
rollo Polaroid	**a Polaroid film**	ö pôôlöroid film
película 8 mm	**an 8-mm. film**	ön eit mílömiitör film
8 mm sencillo	**single 8**	ssingghöl eit
8 mm doble	**double 8**	döböl eit
8 mm super	**super 8**	ssuupör eit
bobina de 620 (6×6)	**a 620 roll film**	ö ssikss tuenti rôôl film
20/36 fotografías	**20/36 exposures**	tuênti/zöörti-ssikss iksspôôʒörs
este número ASA	**this ASA number**	ðiss ei-êss-ei nömbör
rápido/grano fino	**fast/fine grain**	fæsst/fain ghrein
blanco y negro	**black and white**	blæk ænd uait
negativo en color	**color negative**	kölör nêghötiv
diapositivas (transparencias)	**color slide (transparency)**	kölör sslaid (trænspærönssi)
para luz artificial	**artificial light type**	aartöfiʃöl lait taip
para luz del día	**daylight type**	deilait taip

Nota: El precio de un rollo en color no incluye el revelado.

PARA LOS NUMEROS, véase pág. 175

Revelado

¿Cuánto cobran por revelar/sacar copias?	**How much do you charge for developing/printing?**	hau mŏch du yu chaardʒ foor diivêlöping/ printing
Quiero... copias de cada negativo.	**I want... prints of each negative.**	ai uant... printss öv iich nêghötiv
De brillo/mate.	**With a glossy/mat finish.**	uiz ö ghlassi/mæt finiʃ
¿Puede ampliar esto?	**Will you please enlarge this?**	uil yu pliis inlaardʒ ðiss
¿Cuándo estará listo?	**When will it be ready?**	uên uil it bii rêdi

Accesorios

Quiero...	**I want...**	ai uant
cubos de flash	**some flash cubes**	ssöm flæʃ kyuubs
para blanco y negro	**for black and white**	foor blæk ænd uait
para color	**for color**	foor kölör
filtro	**a filter**	ö filtör
rojo/amarillo	**red/yellow**	rêd/yêlôö
ultravioleta	**ultra-violet**	öltrövaiôlöt
lámparas	**some flash bulbs**	ssöm flæʃ bölbs

Roto

Esta cámara no funciona. ¿Puede repararla?	**This camera doesn't work. Can you repair it?**	ðiss kæmrö dösönt uöörk. kæn yu ripêr it
El rollo está atascado.	**The film is jammed.**	ðö film is dʒæmd
El botón no da vueltas.	**The knob won't turn.**	ðö nab uôônt töörn
Hay algo que no funciona en el/la...	**There's something wrong with the...**	ðêrs ssömzing rong uiz ðö
contacto del flash	**flash attachment**	flæʃ ötæchmönt
cuentafotos	**exposure counter**	iksspôôʒör kauntör
diafragma	**shutter**	ʃötör
enrollador	**film winder**	film uaindör
exposímetro	**lightmeter**	laitmiitör
medida de distancia	**rangefinder**	reindʒfaindör
objetivo	**lens**	lêns

Joyería—Reparaciones

Todos los grandes almacenes tienen un departamento de joyería. También encontrará mucho surtido en los almacenes *five-and-ten-cent*. Pero para regalos muy personales es mejor una joyería.

Preguntas

¿Puede arreglar este reloj?	**Can you repair this watch?**	kæn yu ripêr ðiss uach
El/La... está roto/rota.	**The... is broken.**	ðö... is brôôkön
cristal/muelle correa/devanadera	**glass/spring strap/winder**	ghlæss/sspring sstræp/uaindör
Quiero que limpie este reloj.	**I want this watch cleaned.**	ai uant ðiss uach kliind
¿Cuándo estará listo?	**When will it be ready?**	uên uil it bii rêdi
¿Por favor, puedo ver esto?	**Could I please see that?**	kud ai pliis ssii ðæt
Estoy sólo mirando.	**I'm just looking around.**	aim dʒösst luking öraund
Quiero un regalito Para...	**I want a small present for...**	ai uant ö ssmool prêsönt foor
No lo quiero muy caro.	**I don't want anything too expensive.**	ai dôônt uant ênizing tuu iksspênssiv
Quiero algo...	**I want something...**	ai uant ssömzing
mejor/más barato/más sencillo	**better/cheaper/ simpler**	bêtör/chiipör/ssimplör
¿Tiene algo en oro?	**Do you have anything in gold?**	du yu hæv ênizing in ghôôld
¿Esto es plata de ley?	**Is this sterling silver?**	is ðiss sstöörling ssilvör

Si es de oro, pregunte:

¿De cuántos quilates es?	**How many carats is this?**	hau mêni kærötss is ðiss

Cuando vaya a una joyería o al departamento de unos grandes almacenes ya sabrá más o menos lo que quiere comprar. Entérese de qué está hecho el artículo y busque la traducción en las listas que siguen.

¿De qué está hecho?

acero inoxidable	**stainless steel**	ssteinlöss sstiil
amatista	**amethyst**	æmözisst
ámbar	**amber**	æmbör
cobre	**copper**	kapör
coral	**coral**	kooröl
cristal	**crystal**	krisstöl
cristal tallado	**cut glass**	köt ghlæss
cromo	**chromium**	krôômiöm
diamante	**diamond**	daimönd
ébano	**ebony**	êböni
esmalte	**enamel**	inæmöl
esmeralda	**emerald**	êmöröld
jade	**jade**	dʒeid
lámina de oro	**gold leaf**	ghôôld liif
marfil	**ivory**	aivöri
onyx	**onyx**	anikss
oro	**gold**	ghôôld
peltre	**pewter**	pyuutör
perla	**pearl**	pöörl
plata	**silver**	ssilvör
plata chapada	**silver plate**	ssilvör pleit
platino	**platinum**	plætönöm
rubí	**ruby**	ruubi
topacio	**topaz**	tôôpæs
turquesa	**turquoise**	töörkois
zafiro	**sapphire**	ssæfair

¿Qué es esto?

Quisiera...	I'd like...	aid laik
alfiler	**a pin**	ö pin
alfiler de corbata	**a tie pin**	ö tai pin
anillo	**a ring**	ö ring
anillo de compromiso	**engagement ring**	ingeidʒmönt ring
anillo de boda	**wedding ring**	uêding ring
botón de cuello	**a collar stud**	ö kalör sstöd

broche	a brooch	ö brôôch
cadena	a chain	ö chein
colgante	a pendant	ö pĕndönt
collar	a necklace	ö nĕklöss
correa	a strap	ö sstræp
correa de cuero	leather strap	lĕðör sstræp
correa de reloj	watch strap	uach sstræp
cruz	a cross	ö kross
cubiertos	some cutlery	ssöm kötlöri
cuentas	some beads	ssöm biids
encendedor	a cigarette lighter	ö ssighörĕt laitör
estuche de cigarillos	a cigarette case	ö ssighörĕt keiss
estuche de joyas	a jewel box	ö dʒuul bakss
estuche de manicure	a manicure set	ö mænökyur ssĕt
estuche para inhalador	a snuff box	ö ssnöf bakss
gemelos	some cuff-links	ssöm köflinkss
lápiz mecánico	a mechanical pencil	ö mikæniköl pĕnssöl
objetos de plata	some silverware	ssöm ssilvöruêr
pendientes	some earrings	ssöm iirrings
pinza	a clip	ö klip
pinza de corbata	a tie clip	ö tai klip
polvera	a powder compact	ö paudör kampækt
pulsera	a bracelet	ö breisslêt
pulsera con talismán	charm bracelet	chaarm breisslêt
reloj	a clock	ö klak
despertador	alarm clock	ölaarm klak
despertador de viaje	travel clock	trævöl klak
reloj	a watch	ö uach
reloj de bolsillo	pocket watch	pakêt uach
reloj con segundero	with a second hand	uiz ö ssekönd hænd
reloj de pulsera	wristwatch	risstuach
rosario	a rosary	ö rôôsöri
sortija de sello	a signet ring	ö ssighnêt ring
talismán	a charm	ö chaarm

Lavandería—Tintorería

Si su hotel no tiene servicio de lavado/limpieza en seco, pregunte:

¿Dónde está la... más cercana?	Where's the nearest...?	uêrs ðö niirösst
lavandería/tintorería	laundry/dry cleaner	loondri/drai kliinör
lavandería automática	launderette	loondrêt
Quiero esta ropa...	I want these clothes...	ai uant ðiis klôôðs
limpia	cleaned	kliind
planchada al vapor	pressed	prêsst
planchada	ironed	aiörnd
lavada	washed	uaʃt
¿Cuándo estará listo?	When will it be ready?	uên uil it bii rêdi
Lo necesito...	I need it...	ai niid it
hoy	today	tödei
esta noche	tonight	tönait
mañana	tomorrow	tömarôô
antes del viernes	before Friday	bifoor fraidi
Lo quiero en cuanto sea posible.	I want it as soon as possible.	ai uant it æs ssuun æs passöböl
¿Puede... esto?	Can you... this?	kæn yu... ðiss
arreglar/remendar/coser	mend/patch/stitch	mênd/pæch/sstich
¿Puede coser este botón?	Can you sew on this button?	kæn yu ssôô an ðiss bötön
¿Puede quitar esta mancha?	Can you get this stain out?	kæn yu ghêt ðiss sstein aut
¿Puede hacer un zurcido invisible?	Can this be invisibly mended?	kæn ðiss bii invisöbli mendöd
Esto no es mío.	This isn't mine.	ðiss isönt main
Falta una pieza.	There's one piece missing.	ðêrs uön piiss missing
Aquí hay un agujero.	There's a hole in this.	ðêrs ö hôôl in ðiss
¿Está lista mi ropa?	Is my laundry ready?	is mai loondri rêdi

Librería —Papelería —Quiosco

En general, librerías y papelerías están separadas. Periódicos y revistas las encontrará en quioscos, aunque algunas librerías se especializan en publicaciones extranjeras. Entre las publicaciones en español de los EEUU, están los periódicos *Diario de las Américas* en Miami, *El Diario* en Nueva York, y *La Opinión* en Los Angeles.

¿Dónde está la... más próxima?	**Where's the nearest...?**	uêrs ðö niirösst
librería	**bookstore**	buksstoor
papelería	**stationery store**	ssteiʃönêri sstoor
tienda de periódicos	**newsstand**	nuusstænd
¿Dónde puedo comprar un periódico español?	**Where can I buy a Spanish newspaper?**	uêr kæn ai bai ö **sspæniʃ** nuuspeipör
Quiero comprar...	**I want to buy...**	ai uant tu bai
afilador de lápices	**a pencil sharpener**	ö **pênssöl** ʃaarpönör
bolígrafo	**a ballpoint pen**	ö **boolpoint** pên
bramante	**some string**	ssöm sstring
caja de pinturas	**a box of paints**	ö bakss öv peintss
carboncillos	**some crayons**	ssöm **kreians**
carpeta	**a file**	ö fail
cinta de pegar transparente	**some cellophane tape**	ssöm **ssêlöfein** teip
cinta para máquina de escribir	**a typewriter ribbon**	ö taipraitör ribön
cola	**some paste**	ssöm peisst
cuaderno	**a notebook**	ö nôôtbuk
cuaderno de dibujo	**a sketching pad**	ö **sskêching** pæd
cuaderno para escribir	**a writing pad**	ö raiting pæd
chinchetas	**some thumbtacks**	ssöm **zömtækss**
diccionario	**a dictionary**	ö dikʃönöri
español-inglés	**Spanish-English**	sspæniʃ-ingghliʃ
inglés-español	**English-Spanish**	ingghliʃ-sspæniʃ
diccionario de bolsillo	**pocket dictionary**	paköt dikʃönöri
etiquetas	**some labels**	ssöm leiböls
goma de borrar	**an eraser**	ön ireissör
guía	**a guide book**	ö ghaid buk
lapiz	**a pencil**	ö **pênssöl**

GUIA DE COMPRAS

breta de direcciones	**an address book**	ön ödress buk
bro	**a book**	ö buk
bro de bolsillo	**a paperback**	ö peipörbæk
bro de gramática	**a grammar book**	ö ghræmör buk
hapa	**a map**	ö mæp
mapa de la cuidad	**map of the town**	mæp öv ðö taun
mapa de carreteras de...	**road map of...**	rôðd mæp öv
aipes	**some playing cards**	ssöm pleiing kaards
apel carbón	**some carbon paper**	ssöm kaarbön peipör
apel de dibujo	**some drawing paper**	ssöm drooing peipör
apel fino	**some tissue paper**	ssöm tiʃuu peipör
apel para calcar	**some tracing paper**	ssöm treissing peipör
apel para envolver	**some wrapping paper**	ssöm ræping peipör
apel para máquina de escribir	**some typing paper**	ssöm taiping peipör
apel para notas	**some note paper**	ssöm nôôt peipör
periódico (español)	**a (Spanish) newspaper**	ö (sspæniʃ) nuuspeipör
luma estilográfica	**a fountain pen**	ö fauntön pên
ecambio (para bolígrafo)	**a refill (for a pen)**	ö riifil (foor ö pên)
egla	**a ruler**	ö ruulör
evista	**a magazine**	ö mæghösiin
ervilletas de papel	**some paper napkins**	ssöm peipör næpköns
sobres	**some envelopes**	ssöm ênvölôôpes
arjetas postales	**some postcards**	ssöm pôôsstkaards
inta	**some ink**	ssöm ink
negra/roja/azul	**black/red/blue**	blæk/rêd/bluu

¿Dónde está la sección de guías?	**Where's the guide-book section?**	uêrs ðö ghaidbuk ssêkʃön
¿Dónde están los ibros españoles?	**Where do you keep the Spanish books?**	uêr du yu kiip ðö sspæniʃ bukss

Peluquería—Salón de belleza

¿Hay un salón de belleza en el hotel?	**Is there a beauty parlor in the hotel?**	is ðêr ö **byuuti paarlör** in ðö **hôôtêl**
¿Puede darme hora para el jueves?	**Can I make an appointment for sometime on Thursday?**	kæn ai meik ön **öpointmönt** foor ssömtaim an **zöörsdi**
Quiero un corte y marcado, por favor.	**I'd like it cut and shaped.**	aid laik it köt ænd ʃeipt

fiecos	**bangs**	bængs
a lo paje	**page-boy style**	peidʒboi sstail
un corte a la navaja	**a razor cut**	ö **reisör** köt
cambio de estilo	**a re-style**	ö **riisstail**
con rizos	**with ringlets**	uiz **ringlötss**
con ondas	**with waves**	uiz ueivs
con un moño	**in a bun**	in ö bön

Quiero...	**I want ...**	ai uant
aclarado (oxigenado)	**a bleach**	ö bliich
lavado y marcado	**a shampoo and set**	ö ʃæmpuu ænd ssêt
permanente	**a permanent**	ö **pöörmönönt**
reflejo	**a color rinse**	ö **kölör** rinss
retoque	**a touch up**	ö tôch öp
tinte	**a dye/tint**	ö dai/tint
el mismo color	**the same color**	ðö sseim **kölör**
un color más oscuro	**darker color**	daarkör **kölör**
un color más claro	**lighter color**	laitör **kölör**
rojizo/rubio/castaño	**auburn/blond/ brunette**	ooböörn/bland/bruunêt
¿Tiene un muestrario de colores?	**Do you have a color chart?**	du yu hæv ö **kölör** chaart
No quiero laca.	**I don't want any hairspray.**	ai dôônt uant êni hêrssprei
Quiero...	**I want a...**	ai uant ö
manicure/pedicure	**manicure/pedicure**	mænökyur/pêdikyur
cuidados del rostro (máscara de belleza)	**face-pack**	feisspæk

Barbería

Tengo prisa.	I'm in a hurry.	aim in ö **höö**ri
Quiero un corte de pelo, por favor.	I want a haircut, please.	ai uant ö **hêr**köt pliis
Quiero que me afeite.	I'd like a shave.	aid laik ö **ſei**v
No lo deje demasiado corto.	Don't cut it too short.	dôônt köt it tuu ſoort
Sólo con tijeras, por favor.	Scissors only, please.	**ssi**sörs **ôô**nli pliis
Un corte a la navaja, por favor.	A razor cut, please.	ö **rei**sör köt pliis
No use la maquinilla.	Don't use the clippers.	dôônt yuus ðö **kli**pörs
Sólo recórtemelo, por favor.	Just a trim, please.	dʒösst ö trim pliis
Basta así.	That's enough off.	ðætss i**nöf** oof
Quíteme un poco más ...	A little more off the...	ö **li**töl moor oof ðö
por detrás	back	bæk
en el cuello	neck	nêk
en los lados	sides	ssaids
arriba	top	tap
No quiero crema.	I don't want any cream.	ai dôônt uant **ê**ni kriim
¿Puede recortarme...?	Would you please trim my...?	uud yu pliis trim mai
la barba	beard	biird
el bigote	moustache	**möss**tæſ
las patillas	sideburns	**ssaid**böörns
¿Cuánto le debo?	How much do I owe you?	hau möch du ai ôô yu
Esto es para Vd.	This is for you.	ðiss is foor yu

Recuerdos

América es un paraíso para ir de compras. Para un objeto determinado, no tendrá dificultad para encontrarlo en numerosas tallas, formas, colores, estilos y modelos—y siempre a precios muy diferentes.

Los EEUU son la nación del *gadget* (chisme), desde el abrelatas mayor y más rápido, hasta aparatos o instalaciones rarísimas en almacenes de muy buen gusto y muy caros.

La industria textil americana es importante y competitiva. Por esto encontrará tejidos y prendas de vestir a precios muy interesantes—a menudo gangas increíbles. Abunda mucho el *wash-and-wear* (que no necesita plancharlo), así como tejidos sintéticos o inarrugables. A los más jóvenes les encantarán los vaqueros originales. Y sin lugar a dudas, el mejor recuerdo para un niño será un sombrero de vaquero o cualquier *getup* (indumentaria de cowboy).

Los aparatos eléctricos representan una buena compra, pero no se olvide de controlar si el voltaje y la tensión corresponden a los de su ciudad.

En regiones donde hay artesanos, aquellos a quienes les interese disfrutarán con jarros indios y esquimales, alfombras y joyas—o llamativas camisas hawaianas.

El despliegue de juguetes es tal que puede satisfacer a cualquier niño o bolsillo. Discos y cintas magnetofónicas—incluso importados—representan la ganga ideal para los «fans» de música. Los comercios de descuento *(discount houses)* ofrecen las mejores compras.

A pesar de que las antigüedades y objetos coloniales son muy caros y difíciles de encontrar, podrá consolarse con excelentes reproducciones de muebles de estilo americano primitivo, alfarería y tejidos.

Incluso en supermercados podrá adquirir especialidades que pueden considerarse como recuerdos: *maple syrup* (sirope de arce), *wild rice* (arroz negro silvestre), un buen vino de California o peladillas de Nueva Orleáns.

Ropas

Si tiene pensado comprar algo determinado, prepárese con anticipación. Mire la lista de ropas en las páginas 132 y 133. Hágase una idea del color, tela y talla que desea. Está todo por listas en las páginas que siguen.

En general

Quisiera...	I'd like...	aid laik
Quiero... para un niño de diez años.	I want... for a 10-year-old boy.	ai uant ... foor ö 10 yiir ôôld boi
Quiero algo como esto.	I want something like this.	ai uant **ssöm**zing laik ðiss
Me gusta el del escaparate.	I like the one in the window.	ai laik ðö uön in ðö uindôô
¿A cómo es la yarda de esto?	How much is that per yard?	hau möch is ðæt pör yaard

12 inches (in.) (pulgadas) = 1 foot (ft.) (pie) 3 feet = 1 yard (yd.) (yarda)

1 centímetro = 0,39 in.		1 pulgada = 2,54 cm
1 metro = 39,37 in.		1 pié = 30,5 cm.
10 metros = 32,81 ft.		1 yarda = 0,91 m.

Colores

Quiero algo de...	I want something in...	ai uant **ssöm**zing in
Quiero un tono más oscuro.	I want a darker shade.	ai uant ö **daar**kör ſeid
Quiero algo que vaya con esto.	I want something to match this.	ai uant **ssöm**zing tu mæch ðiss
No me gusta el color.	I don't like the color.	ai dôônt laik ðö kölör

amarillo	**yellow**	yêlôô
azul	**blue**	bluu
beige	**beige**	bei3
blanco	**white**	uait
carmesí	**crimson**	krimsön
crema	**cream**	kriim
dorado	**gold**	ghôôld
escarlata	**scarlet**	sskaarlöt
esmeralda	**emerald**	êmöröld
gamezno	**fawn**	foon
gris	**grey**	ghrei
malva	**mauve**	môôv
marrón	**brown**	braun
naranja	**orange**	oorönd3
negro	**black**	blæk
plateado	**silver**	ssilvör
rojo	**red**	rêd
rosa	**pink**	pink
tostado	**tan**	tæn
turquesa	**turquoise**	töörkois
verde	**green**	ghriin
violeta	**purple**	pöörpöl

stripes	polka dots	checks	pattern
(sstraipss)	(pôôkö datss)	(chêkss)	(pætörn)

Géneros

¿Tiene Vd algo en...?	**Do you have anything in...?**	du yu hæv ênizing in
Quiero una blusa de algodón.	**I want a cotton blouse.**	ai uant ö katön blauss
¿Está...¿	**Is that...?**	is ðæt
hecho a mano	**hand-made**	hænd-meid
fabricado aquí	**made here**	meid hiir
¿Es importado?	**Is that imported?**	is ðæt impoortöd
¿Tiene algo de mejor calidad?	**Do you have any better quality?**	du yu hæv êni bêtör kualöti

¿De qué está hecho?	**What's it made of?**	uatss it meid öv

Puede estar hecho de ...

algodón	cotton	katön
ante	suede	ssueid
batista	cambric	kæmbrik
crespón	crepe	kreip
cuero	leather	leöör
cheviot	tweed	tuiid
dacrón	dacron	deikran
encaje	lace	leiss
estambre	worsted	uusstöd
felpa	terrycloth	têriklaz
fieltro	felt	fêlt
franela	flannel	flænöl
gabardina	gabardine	ghæbördiin
hilo	linen	linön
imitación de terciopelo	velveteen	vêlvötiin
lana	wool	uuul
muselina	chiffon	ʃifan
nylón	nylon	nailan
pana	corduroy	koordöroi
pelo de camello	camel-hair	kæmölhêr
popelina	poplin	paplön
raso	satin	ssætön
rayón	rayon	reian
sarga	serge	ssöördʒ
seda	silk	ssilk
tafetán	taffeta	tæfötö
terciopelo	velvet	vêlvöt
tul	tulle	tuul

Talla

Mi talla es 38.	My size is 38.	mai ssais is 38
Nuestras tallas son distintas en nuestro país. ¿Puede medirme, por favor?	Our sizes are different at home. Could you measure me?	aur ssaisös aar difrönt æt hôôm. kud yu mêʒör mi
No conozco las tallas americanas.	I don't know the American sizes.	ai dôônt nôô ðö ömêrökön ssaisös

En dicho caso, mire los cuadros de la página siguiente.

Esta es su talla

Señoras

	Vestidos/Trajes					
Americana	10	12	14	16	18	20
Europea	38	40	42	44	46	48

	Medias						Zapatos			
Americano	8	$8\frac{1}{2}$	9	$9\frac{1}{2}$	10	$10\frac{1}{2}$	6	7	8	9
Europea	0	1	2	3	4	5	36	38	$38\frac{1}{2}$	40

Caballeros

	Trajes/abrigos					Camisas				
Americana	36	38	40	42	44	14	15	16	17	18
Europea	46	48	50	52	54	36	38	41	43	45

	Zapatos								
Americana	5	6	7	8	$8\frac{1}{2}$	9	$9\frac{1}{2}$	10	11
Europea	38	$39\frac{1}{2}$	$40\frac{1}{2}$	42	$42\frac{1}{2}$	43	$43\frac{1}{2}$	44	45

¿Qué tal le sienta?

¿Puedo probármelo?	Can I try it on?	kæn ai trai it an
¿Dónde está el probador?	Where's the fitting room?	uêrs ðö fiting ruum
¿Hay un espejo?	Is there a mirror?	is ðêr ö mirör
¿Le queda bien?	Does it fit?	dös it fit
Me queda muy bien.	It fits very well.	it fitss vêri uêl
No me queda bien.	It doesn't fit.	it dösönt fit
Es demasiado...	It's too...	itss tuu
corto/largo	short/long	ʃoort/long
justo/suelto	tight/loose	tait/luuss
¿Cuánto tardarán en arreglarlo?	How long will it take to alter?	hau long uil it teik tu ooltör

PARA LOS NUMEROS, véase pág. 175

Zapatos

Quisiera un par de ...	**I'd like a pair of...**	aid laik ö pêr öv
zapatos/sandalias	**shoes/sandals**	ʃuus/**ssænd**öls
botas/zapatillas	**boots/slippers**	buutss/**sslip**örs
botas de agua/ protectores	**galoshes/rubbers**	ghölaʃös/röbörs
Estos son demasiado...	**These are too...**	ðiis aar tuu
estrechos/anchos	**narrow/wide**	nærðð/uaid
grandes/pequeños	**large/small**	laardʒ/ssmool
Me aprietan los dedos.	**They pinch my toes.**	ðei pinch mai tôôs
¿Tiene un número mayor?	**Do you have a larger size?**	du yu hæv ö laardʒör ssais
Quiero un número más pequeño.	**I want a smaller size.**	ai uant ö ssmoolör ssais
¿Tiene este modelo en ...?	**Do you have the same in...?**	du yu hæv ðö sseim in.
marrón/beige	**brown/beige**	braun/beiʒ
negro/blanco	**black/white**	blæk/uait
ante	**suede**	ssueid

¿Zapatos estropeados? He aquí la llave para poder verlos «como nuevos»:

¿Puede arreglarme estos zapatos?	**Can you repair these shoes?**	kæn yu ripêr ðiis ʃuus
¿Puede remendar esto?	**Can you stitch this?**	kæn yu sstich ðiss
Quiero que cambie las suelas y los tacones.	**I want new soles and heels.**	ai uant nuu ssôôls ænd hiils
¿Cuándo estarán listos?	**When will they be ready?**	uên uil ðei bi rêdi

Ropa y accesorios

Quisiera un/una ...	I'd like...	aid laik
abrigo	a coat	ö kôôt
abrigo de piel	a fur coat	ö föör kôôt
albornoz	a bathrobe	ö bæzrôôb
anorak	a parka	ö paarkö
bata	a housecoat	ö hausskôôt
bikini	a bikini	ö bikiini
bolero	a bolero	ö bölêrôô
botas de agua	some galoshes	ssöm ghôlaʃös
blusa	a blouse	ö blauss
bragas	some panties	ssöm pæntis
bufanda	a scarf	ö sskaarf
calcetines	a pair of socks	ö pêr öv ssakss
calzoncillos	some briefs	ssöm briifss
camisa	a shirt	ö ʃôört
camisetta	an undershirt	ön öndörʃöört
camisón	a nightgown	ö naitghaun
capa	a cape	ö keip
cinturón	a belt	ö bêlt
conjunto de punto	a twin set	ö tuin ssêt
corbata	a necktie	ö nêktai
chal	a stole	ö sstôôl
chaleco	a vest	ö vêsst
chaqueta	a jacket	ö dʒæköt
chaqueta de flanela	a blazer	ö bleisör
chaqueta de punto	a cardigan	ö kaardighön
chaqueta de sport	a sports jacket	ö sspoortss dʒæköt
faja	a girdle	ö ghöördöl
faja-braga	a panty-girdle	ö pæntighöördöl
falda	a skirt	ö ssköört
fondo	a slip	ö sslip
gorra	a cap	ö kæp
gorro de baño	a bathing cap	ö beiðing kæp
guantes	some gloves	ssöm ghlövs
impermeable	a raincoat	ö reinkôôt
jersey	a sweater	ö ssuêtör
leotardos	some tights	ssöm taitss
ligas	some garters	ssöm ghaartörs
liguero	a garter belt	ö ghaartör bêlt
medias	a pair of stockings	ö pêr öv sstakings
mono	some dungarees	ssöm dönghghöriis
pajarita	a bow tie	ö bôô tai
pantalones	some pants	ssöm pæntss
pantalones cortos	some shorts	ssöm ʃoortss

antalones (informales)	a pair of slacks	ö pêr öv sslækss
añuelo	a handkerchief	ö hænkörchif
ijama	a pair of pyjamas	ö pêr öv pödʒaamös
ullover	a pullover	ö pulôôvör
opa interior	some lingerie	ssöm landʒörei
alto de cama	a negligé	ö nêghliʒei
andalias	some sandals	ssöm ssændöls
mocking	a tuxedo	ö tökssiidôô
ombrero	a hat	ö hæt
udadera	a sweatshirt	ö ssuêtʃöört
ujetador	a bra	ö braa
irantes	some suspenders	ssöm ssösspêndörs
raining	a track suit	ö træk ssuut
raje (caballeros)	a suit	ö ssuut
raje (señora)	a suit	ö ssuut
raje de baño	a bathing suit	ö beiðing ssuut
raje de noche (señora)	an evening dress	ön iivning drêss
vaqueros	a pair of jeans	ö pêr öv dʒiins
vestido	a dress	ö drêss
vestido sin mangas	a jumper	ö dʒömpör
zapatillas	a pair of slippers	ö pêr öv sslipörs
zapatillas de gimnasia	some gym shoes	ssöm dʒim ʃuus
zapatillas de tenis	a pair of sneakers	ö pêr öv ssniikörs
zapatos	a pair of shoes	ö pêr öv ʃuus

bolsillo	pocket	paköt
botón	button	bötön
cinta	ribbon	ribön
cinturón	belt	bêlt
cordones de zapatos	shoe laces	ʃuu leissös
cremallera	zipper	sipör
cuello	collar	kalör
dobladillo	hem	hêm
forro	lining	laining
goma	elastic	ilæsstik
hebilla	buckle	bököl
manga	sleeve	ssliiv
puños	pair of cuffs	pêr öv köfss
solapa	lapel	löpêl

Su dinero: Bancos — cambio

Las instituciones bancarias americanas están muy poco acostumbradas a cambiar dinero extranjero, incluso en las grandes ciudades. Sin embargo, en los aeropuertos importantes es muy fácil hacer estas transacciones.

Para evitar complicaciones, lo más sencillo es viajar con dólares en efectivo o comprar cheques de viajero en dólares extendidos por bancos estadounidenses. Estos cheques se aceptan como billetes de banco en la mayoría de los hoteles, comercios y restaurantes. Los cheques de viajero emitidos por un banco no estadounidense pueden resultar extraños para muchos americanos.

Las tarjetas de crédito conocidas internacionalmente son aceptadas como si fueran dinero en efectivo, lo que ofrece otra posibilidad para llevar dinero suplementario.

Horarios

Los bancos abren generalmente desde las 9 ó 10 de la mañana hasta las 2 ó 3 de la tarde, de lunes a viernes. En Canadá, los bancos abren desde las 10 de la mañana hasta las 5 de la tarde (fuera del centro urbano hasta las 3), de lunes a viernes. Un día por semana encontrará bancos abiertos hasta las 6 de la tarde.

Moneda

La unidad monetaria estadounidense es el dólar (símbolo $), que se divide en 100 centavos (*cents*, símbolo ¢). Todos los billetes tienen el mismo tamaño y color, de manera que conviene poner mucha atención al dar o recibir un billete.

Monedas: 1¢ (llamado «penny»), 5¢ («nickel»), 10¢ («dime»), 25¢ («quarter»), 50¢ («half dollar») y $1.
Billetes: $1, $2 (raros), $5, $10, $20, $50 y $100.

Los valores más altos ($500 y $1.000) no suelen estar en circulación. Todos los billetes tienen el mismo tamaño y el mismo color, de manera que es conveniente controlar su valor antes de gastarlos.

Antes de ir

¿Dónde está el banco más próximo?	**Where's the nearest bank?**	uêrs ðö niirösst bænk
¿Dónde puedo cambiar un cheque de viajero?	**Where can I cash a traveler's check?**	uêr kæn ai kæʃ ö trævlörs chêk
¿Dónde está el Chase Manhattan Bank?	**Where's the Chase Manhattan Bank?**	uêrs ðö cheiss mönhæetön bænk

En el banco

Quiero cambiar pesetas/pesos.	**I want to change some Spanish pesetas/Mexican pesos.**	ai uant tu cheindʒ ssöm sspæniʃ pösseitöss/ mêkssikön peissôôss
Aquí está mi pasaporte.	**Here's my passport.**	hiirs mai pæsspoort
¿A cómo está el cambio?	**What's the exchange rate?**	uatss ðö êksscheindʒ reit
¿Cuánto cobran de comisión?	**What rate of commission do you charge?**	uat reit öv kömiʃön du yu chaardʒ
¿Puede cambiarme un cheque personal?	**Can you cash a personal check?**	kæn yu kæʃ ö pöörssönöl chêk
¿Cuánto tardará en comprobarlo?	**How long will it take to clear?**	hau long uil it teik tu kliir
¿Puede telegrafiar a mi banco en Madrid?	**Can you cable my bank in Madrid?**	kæn yu keiböl mai bænk in mödrid
Tengo...	**I have...**	ai hæv
carta de crédito	**a letter of credit**	ö lêtör öv krêdöt
carta de presentación de...	**an introduction from...**	ön intrödökʃön fröm
tarjeta de crédito	**a credit card**	ö krêdöt kaard
Estoy esperando dinero de Madrid. ¿Ha llegado ya?	**I'm expecting some money from Madrid. Has it arrived yet?**	aim iksspêkting ssöm möni fröm mödrid. hæs it öraivd yêt
Por favor, déme ... billetes y un poco de cambio.	**Please give me... bills and some small change.**	pliis ghiv mi... bils ænd ssöm ssmool cheindʒ

Déme... billetes de más valor y el resto de menor valor.	**Give me... large bills and the rest in small bills.**	ghiv mi... laardʒ bils ænd ðö rêsst in ssmool bils
¿Puede comprobar esto otra vez, por favor?	**Could you please check that again?**	kud yu pliis chêk ðæt öghên

Depósitos

Quiero depositar esto en mi cuenta.	**I want to credit this to my account.**	ai uant tu krêdöt ðiss tu mai ökaunt
Quiero acreditar esto en la cuenta del Sr...	**I want to credit this to Mr. ...'s account.**	ai uant tu krêdöt ðiss tu misstör ...'s ökaunt
¿Dónde debo firmar?	**Where should I sign?**	uêr ʃud ai ssain

Tabla de cambio

$	Pesos	Pesetas
1¢		
5¢		
10¢		
25¢		
50¢		
$1		
$5		
$10		
$20		
$50		
$100		
$500		
$1000		

PARA LOS NUMEROS, véase pág. 175

Correos — Telégrafos — Teléfonos

En la oficina de correos

El servicio postal americano, *U.S. Postal Service*—institución semigubernamental—sólo se encarga del correo. Las compañías de teléfonos y telégrafos son privadas e independientes. Los buzones están pintados de azul y llevan la inscripción *U.S. Mail*. Generalmente las oficinas están abiertas desde las 8 de la mañana hasta las 5 de la tarde.

¿Dónde está la oficina de correos más próxima?	**Where's the nearest post office?**	uêrs ðö niirösst pôôsst aföss
¿A qué hora abre/ cierra la oficina de correos?	**What time does the post office open/ close?**	uat taim dös ðö pôôsst aföss ôôpön/klôôs
Quiero sellos (estampillas)/aerogramas, por favor.	**I want some stamps/aerograms, please.**	ai uant ssöm sstæmpss/ æröghræms pliis
Por favor, un sello para esta carta/tarjeta.	**A stamp for this letter/postcard, please.**	ö sstæmp foor diss lêtör/ pôôsstkaard pliis
¿Cuál es el franqueo de una carta aérea para Barcelona?	**What's the postage for an airmail letter to Barcelona?**	uatss ðö pôôsstidʒ foor ön êrmeil lêtör tu baarssölôônö
¿Cuál es el franqueo de una postal por barco para Valencia?	**What's the postage for a postcard via surface mail to Valencia?**	uatss ðö pôôsstidʒ foor ö pôôsstkaard vaiö ssöörföss meil tu völênssiö
Quiero enviar este paquete.	**I want to send this parcel.**	ai uant tu ssênd ðiss paarssöl
¿Tengo que llenar una declaración de aduanas?	**Do I need to fill in a customs declaration?**	du ai niid tu fil in ö kösstöms dêklöreijön
¿Dónde está el buzón?	**Where's the mailbox?**	uêrs ðö meilbakss

Quiero enviar esto ...	I want to send this by...	ai uant tu ssénd ðiss bai
correo aéreo	airmail	êrmeil
entrega inmediata	special delivery	sspêfŏl dilivöri
certificado	registered mail	rêdʒösstörd mail
¿Dondé está la lista de correos?	Where's the general delivery window?	uêrs ðŏ dʒênŏrŏl dilivöri uindŏŏ
¿Hay correo para mí? Me llamo...	Is there any mail for me? My name is ...	is ðêr êni meil foor mi? mai neim is
He aquí mi pasaporte.	Here's my passport.	hiirs mai pæsspoort

STAMPS	SELLOS
PARCELS	PAQUETES
MONEY ORDERS	ORDENES DE PAGO/GIROS

Telegramas

Las compañías norteamericanas de telégrafos son privadas. Prestan servicios nacionales e internacionales, así como télex nacionales, y están indicadas en las páginas amarillas de la guía telefónica. Puede telefonear a la oficina de telégrafos, dictar el mensaje y recibir luego la tasa, sumada al importe de su factura de hotel. También puede enviar su mensaje desde una cabina que funciona introduciendo monedas y pagar así en el acto. Una carta telegrama (carta de noche) cuesta aproximadamente la mitad del precio de un telegrama normal.

Quiero enviar un telegrama. ¿Puede darme un formulario?	I want to send a telegram. May I please have a form?	ai uant tu ssénd ŏ têlŏghræm. mei ai pliis hæv ŏ foorm
¿Cuánto se paga por palabra?	How much is it per word?	hau mŏch is it pŏr uŏŏrd
Quisiera mandar una carta telegrama.	I'd like to send a night letter.	aid laik tu ssénd ŏ nait lêtör
¿Puedo mandar un télex/telefax?	Can I send a telex/ a fax?	kæn ei ssénd ŏ têlêkss/ ŏ fækss

PARA NUMEROS, véase pág. 175

Teléfonos

La red telefónica de Estados Unidos está dirigida por compañías privadas, sin relación a los servicios de correos. Se encuentran teléfonos públicos en todas partes. En el mismo aparato se hallan las indicaciones sobre el modo de empleo. Las tasas telefónicas están enumeradas y explicadas en las primeras páginas blancas de la guía telefónica. En ella encontrará también un mapa indicando el número regional *(area code)*, informaciones sobre llamadas personales *(person-to-person call)*, por cobrar *(collect call)*, teléfono a teléfono *(station-to-station)* y los servicios pagados con tarjeta de crédito *(credit card call)*.

Las llamadas a larga distancia y muchas internacionales se pueden efectuar directamente, incluso desde las cabinas públicas, a condición de observar exactamente las indicaciones y llevar consigo muchas monedas. Si necesita asistencia para hacer su llamada, marque el «0» (cero).

¿Dónde está el teléfono?	**Where's the telephone?**	uêrs ðö têlöfôôn
¿Dónde está el teléfono público más próximo?	**Where's the nearest pay telephone?**	uêrs ðö niirösst pei têlöfôôn
¿Puedo utilizar su teléfono?	**May I use your phone?**	mei ai iuus yoor fôôn
¿Tiene la guía telefónica de Chicago?	**Do you have a telephone directory for Chicago?**	du yu hæv ö têlöfôôn dörektöri foor ʃikaaghôô
¿Puede ayudarme a obtener este número?	**Can you help me get this number?**	kæn yu hêlp mi ghêt ðiss nömbör
Buenos días, quisiera telefonear a España.	**Good morning, I want to make a call to Spain.**	ghud moorning ai uant tu meik ö kool tu sspein
¿Puedo marcar el número directamente?	**Can I dial direct?**	kæn ai daiöl dörêkt
Quiero un aviso de conferencia.	**I want to place a person-to-person call.**	ai uant tu pleiss ö pöörssön tu pöörssön kool

PARA PAISES, véase pág. 174

| ¿Me dirá el costo de la llamada cuando acabe? | **Will you tell me the cost of the call afterwards?** | uil yu têl mi öö kosst öv öö kool æftöruörds |
| Quiero que pague el destinatario. | **I want to call collect.** | ai uant tu kool kölêkt |

Hablando

Oiga. Aquí...	**Hello. This is... speaking.**	hölôô. öiss is... **sspiiking**
Quiero hablar con...	**I want to speak to...**	ai uant tu sspiik tu
¿Puede ponerme con...?	**Would you put me through to...?**	uud yu put mi zruu tu
Quiero la extensión...	**I want extension...**	ai uant iksstênjön
¿Es...?	**Is that...?**	is öæt

Mala suerte

¿Puede intentar otra vez más tarde?	**Would you please try again later?**	uud yu pliis trai öghên leitör
Telefonista, se ha equivocado de número.	**Operator, you gave me the wrong number.**	apöreitör yu gheiv mi öö rong nömbör
Telefonista, se ha cortado.	**Operator, we were cut off.**	apöreitör ui uör köt oof

---

Abecedario telefónico (para deletrear)

A	Alfred	ælfröd	N	Nellie	nêli
B	Benjamin	bêndჳömön	O	Oliver	alövör
C	Charlie	chaarli	P	Peter	piitör
D	David	deivid	Q	Queen	kuiin
E	Edward	êduörd	R	Robert	rabört
F	Frederick	frêdrik	S	Samuel	ssæmyöl
G	George	dჳoordჳ	T	Tommy	tami
H	Harry	hæri	U	Uncle	önköl
I	Isaac	aisök	V	Victor	viktör
J	Jack	dჳæk	W	William	uilyöm
K	King	king	X	Xray	êkssrei
L	London	löndön	Y	Yellow	yêlôô
M	Mary	mêri	Z	Zebra	siibrö

No está

¿Cuándo estará de vuelta?	**When will he/she be back?**	uên uil hi/ʃi bii bæk
¿Le dirá que he llamado, por favor? Mi nombre es...	**Will you tell him/her I called? My name's...**	uil yu têl him/hör ai koold. mai neims
¿Puede pedirle que me llame?	**Would you ask him/her to call me?**	uud yu æssk him/hör tu kool mi
¿Puede tomar un mensaje?	**Would you please take a message?**	uud yu pliis teik ö mêssidʒ

Precios

| ¿Cuánto ha sido la llamada? | **What was the cost of that call?** | uat uôs ðö kosst öv ðæt kool |
| Quiero pagar la llamada. | **I want to pay for the call.** | ai uant tu pei foor ðö kool |

👈	👉
There's a telephone call for you.	Hay una llamada para Vd.
You're wanted on the telephone.	Le llaman por teléfono.
What number are you calling?	¿Qué número quiere llamar?
The line's busy.	Está ocupado.
There's no answer.	No contesta nadie.
You've got the wrong number.	Se ha equivocado de número.
The phone is out of order.	El teléfono no funciona.
He's/She's out at the moment.	El/Ella no está por el momento.

El coche

Las gasolineras son numerosas y fáciles de localizar. No olvide que muchas cierran durante la noche y los fines de semana. Por la noche, las gasolineras exigen el importe exacto o una tarjeta de crédito.

¿Dónde está la estación de servicio más próxima?	**Where's the nearest filling station?**	uêrs ðö niirösst filing ssteiſön
Quiero 15 galones, por favor.	**I want 15 gallons, please.**	ai uant 15 **ghæ**löns pliis
Quiero 15 galones de normal/superior.	**I want 15 gallons of regular/premium.**	ai uant 15 **ghæ**löns öv **rê**ghyölör/**prii**myöm
Déme ... dólares de gasolina.	**Give me \$... worth of gas.**	ghiv mi ... da**lö**rs uörz öv **ghæ**ss
Llénelo, por favor.	**Fill it up, please.**	fil it öp pliis
Compruebe el aceite y el agua, por favor.	**Please check the oil and water.**	pliis chêk ði oil ænd **ua**tör
Déme un cuarto de aceite	**Give me a quart of oil.**	ghiv mi ö kuoort öv oil
Llene la batería de agua destilada.	**Fill up the battery with distilled water.**	fil öp ðö **bæ**töri uiz **dis**tilld **ua**tör
Compruebe el líquido de los frenos.	**Check the brake fluid, please.**	chêk ðö breik **fluu**öd pliis

Medidas para combustibles					
litros	U.S. gal.*	Can. gal.**	litros	U.S. gal.*	Can. gal.**
5	1.3	1.1	30	7.8	6.6
10	2.6	2.2	35	9.1	7.7
15	3.9	3.3	40	10.4	8.8
20	5.2	4.4	45	11.7	9.9
25	6.5	5.5	50	13.0	11.0

* galón americano ** galón canadiense

Présión de neumáticos			
kg/cm²	lb./sq. in.	kg/cm²	lb./sq. in.
0.7	10	1.8	26
0.8	12	1.9	27
1.1	15	2.0	28
1.3	18	2.1	30
1.4	20	2.3	33
1.5	21	2.5	36
1.6	23	2.7	38
1.7	24	2.8	40

¿Puede checar (comprobar) los neumáticos? | **Would you check the tires?** | uud yu chêk ðö tairs

23 adelante, 26 detrás. | **23 front, 26 rear.** | 23 frönt 26 riir

Cheque (compruebe) la rueda de repuesto también, por favor. | **Please check the spare tire, too.** | pliis chêk ðö sspêr tair tuu

¿Puede reparar esta ponchadura (pinchazo)? | **Can you fix this flat?** | kæn yu fikss ðiss flæt

¿Quiere cambiar esta rueda? | **Would you please change this tire?** | uud yu pliis cheindʒ ðiss tair

¿Puede limpiar el parabrisas? | **Would you clean the windshield?** | uud yu kliin ðö uindʃiild

¿Tiene un mapa de carreteras de esta región? | **Have you a road map of this area?** | hæv yu ö rôôd mæp öv ðiss êriö

¿Dónde están los servicios? | **Where are the toilets?** | uêr aar ðö toilötss

¿Como se llega a...?

Disculpe. | **Excuse me.** | ıksskyuus mi

¿Puede indicarme la dirección para ...? | **Can you tell me the way to...?** | kæn yu têl mi ðö uei tu

¿Cómo se va a ...? | **How do I get to...?** | hau du ai ghêt tu

¿Adónde lleva esta carretera?	**Where does this road lead to?**	uêr dös ðiss rôôd liid tu
¿Puede enseñarme en este mapa dónde estoy?	**Can you show me on this map where I am?**	kæn yu ʃôô mi an ðiss mæp uêr ai æm
¿Qué distancia hay de aquí a ...?	**How far is it to... from here?**	hau faar is it tu ... fröm hiir

INFORMACIÓN

Millas en kilómetros

1 milla = 1.609 kilómetros

millas	10	20	30	40	50	60	70	80	90	100
km	16	32	48	64	80	97	113	129	145	161

Kilómetros en millas

1 kilómetro = 0.62 milla

km	10	20	30	40	50	60	70	80	90	100	110	120	130
millas	6	12	19	25	31	37	44	50	56	62	68	75	81

You're on the wrong road.	Se ha equivocado de carretera.
Go straight ahead.	Siga derecho.
It's down there on the left (right).	Es allí a la izquierda (derecha).
Go to the first (second) crossroad.	Vaya hasta el primer (segundo) cruce.
Turn left (right) at the stop lights.	Tuerza a la izquierda (derecha) en las señales luminosas.

Para lo que queda de esta sección vamos a estudiar el coche de más cerca. La hemos dividido en dos partes:

Parte A contiene información en general sobre cómo conducir en los EEUU. Es esencialmente para referencias, y conviene que la repase, antes de coger el coche si es posible!

Parte B contiene consejos prácticos para caso de accidente o avería. Incluye una lista de partes o piezas del coche que pueden estropearse. No tiene más que enseñarlo al mecánico del garaje y pedirle que le señale la respuesta necesaria.

Parte A

Aduana y documentación

Puede llevarse su propio coche a los EEUU y conducir con su placa de nacionalidad y un signo distintivo internacional. No olvide su seguro internacional, y si puede un carnet de conducir internacional; este documento multi-lingual puede ser comprendido más fácilmente por la policía.

Si piensa viajar mucho en coche, sería una buena idea hacerse miembro de la Asociación automovilística americana (*American Automobile Association—AAA*), la cual le ofrece un cierto número de servicios muy apreciables, como asistencia en la carretera, servicio de excursiones y ayuda legal en caso de arresto.

Aunque el seguro de accidentes no es obligatorio en los EEUU, le aconsejamos muy encarecidamente que lo contraiga para protegerse del daño que puede hacer a los demás. Y debería obtenerlo en su país, ya que contratos para períodos cortos suelen ser muy caros en los EEUU.

He aquí mi...	Here is/are my...	hiir is/aar mai
carnet de conducir	driver's license	draivörs laissönss
carnet de conducir internacional	international driving permit	intörnæfönöl draiving pörmit
pasaporte	passport	pæsspoort
documentación del coche	registration papers	rêdʒösstreifön peipörs
No tengo nada que declarar.	I haven't anything to declare.	ai hævönt ênizing tu diklêr
Tengo...	I've...	aiv
un cartón de cigarrillos	a carton of cigarettes	ö kaartön öv ssighörêtss
una botella de whiskey	a bottle of whiskey	ö batöl öv uisski
una botella de vino	a bottle of wine	ö batöl öv uain
Nos quedaremos...	We're staying for...	uiir ssteiing foor
un mes	a month	ö mönz
unos meses	a few months	ö fyuu mönzss

Carreteras

La red americana de carreteras es muy extensa, desarrollada y mantenida al orden del día. Carreteras de 4 y 6 pistas no faltan en los recorridos de mucha circulación que unen ciudades importantes entre si.

Las carreteras están numeradas con un sistema acoplado a las señales de dirección.

Las carreteras nacionales están marcadas con un número dentro de un escudo como el de la ilustración A. Las carreteras estatales están marcadas con un número dentro del perfil del estado o con un signo rectangular con el número de carretera rodeado de un fondo negro circular (ilustración B). Las carreteras que conectan con otras principales se llaman *interstates* y están marcadas con un escudo como el de la ilustración C. Las carreteras con números pares van de este a oeste, y aquellas con números impares de norte a sur.

También es muy extenso el sistema de autopistas: las *turn-pikes y thruways* son de peaje y apropiadas para circular a grandes velocidades y en dos sentidos separados; las *park-ways,* que no aceptan camiones, pueden ser o no de peaje; las *freeways* y *expressways* normalmente son gratuitas. Casi todos los mapas indican en cuáles se debe pagar peaje. Conviene tener a mano una buena provisión de monedas, pues si deposita la «cantidad exacta» *(exact change)* la circulación será más rápida. La velocidad está generalmente limitada a 55 millas por hora (88 km.).

Estacionamiento

En las ciudades importantes no faltan los estacionamientos o garajes de varios pisos. El empleado del estacionamiento puede pedirle las llaves del coche para poder moverlo si es necesario. Los parquímetros son corrientes en las calles de las ciudades. No estacione nunca su coche en una *tow-away zone* (zona de carga y descarga) ya que pueden llevarse el coche y multarle. A medida que aumentan las congestiones del tráfico en las ciudades, el tiempo de estacionamiento está más controlado.

No se estacione nunca en la carretera. Salga completamente de la pista si desea pararse.

Es también ilegal estacionar cerca de una boca de agua para incendios. Están pintadas de rojo y son vitales en caso de incendio. La ley pide que se deje una zona despejada de 5 metros de radio.

Disculpe. ¿Puedo estacionar aquí?	**Excuse me. May I park here?**	i mi. mei ai paark hiir
¿Cuánto cobran en este estacionamiento?	**What's the charge for parking here?**	uatss ðö chaardʒ foor paarking hiir
¿Tengo que dejar las luces encendidas?	**Do I have to leave my lights on?**	du ai hæv tu liiv mai laitss an

INFORMACIÓN

Consejos para conducir en América

No deje de vigilar el control de velocidad, ya que los excesos están muy vigilados—a veces por radar—o sea que fíjese en las limitaciones.

Está prohibido tocar el klaxon en casi todas las ciudades. Los que lo hacen pueden ser multados.

Si ve que se acerca a un autobús amarillo para niños parado—incluso del otro lado de la carretera—pare el coche. La ley exige que la circulación se pare en ambas direcciones para evitar accidentes con niños descuidados que a veces se lanzan para cruzar la carretera.

Es desaconsejable pararse para aceptar personas que hacen auto-stop. Y en algunos estados está prohibido por la ley.

Le será concedida inmediatamente la posición de *international visitor* con sólo obtener una calcomanía que puede pegar sobre el cristal del coche. En caso de dificultades, esta insignia indica que es Vd. extranjero y necesita ayuda o consejos. Incluso puede evitarle una multa si pasa sin darse cuenta cuando el semáforo está rojo.

Esta calcomanía, ilustrada a la izquierda, la puede obtener gratis del *U.S. Travel Service* o de la *American Automobile Association*.

Quisiera una calcomanía de internacional para la ventanilla de mi coche.	**I'd like an international-visitor decal for my car window.**	aid laik æn intörnæʃönöl visötör diikæl foor mai kaar uindôô

Señales de tráfico americanas

BIKE XING	CRUCE DE BICICLETAS
BLASTING ZONE	CANTERA
CAUTION	CUIDADO
DANGEROUS CURVE	CURVA PELIGROSA
DEAD-END STREET	CALLE SIN SALIDA
DETOUR	DESVIO
EMERGENCY PARKING	ESTACIONAMIENTO DE EMERGENCIA
END OF CONSTRUCTION	FIN DE OBRAS
EXACT CHANGE	IMPORTE EXACTO
EXIT (TO THE LEFT/RIGHT)	SALIDA (A LA IZQUIERDA/DERECHA)
FALLING ROCKS	DESLICE DE PIEDRAS
LANE ENDS MERGE LEFT	FIN DE LINEA-DESPLACESE A LA IZQUIERDA
MEN WORKING	OBRAS
NO HITCHHIKING	PROHIBIDO HACER AUTO-STOP
NO HONKING	PROHIBIDO CLAXONAR
NO LEFT/RIGHT TURN	PROHIBIDO GIRAR A LA IZQUIERDA/DERECHA
NO PARKING ANY TIME	PROHIBIDO ESTACIONAR A TODA HORA
NO STOPPING EXCEPT FOR EMERGENCY	PROHIBIDO PARAR SALVO PARA EMERGENCIAS
NO TRUCKS	PROHIBIDO A LOS CAMIONES
NO U TURN	PROHIBIDO DAR MEDIA VUELTA
ONE WAY	DIRECCION UNICA
PASS AT OWN RISK	PASE A SU PROPIO RIESGO
PED XING	CRUCE DE PEATONES
REDUCE SPEED	REDUZCA LA VELOCIDAD
REST AREA	ZONA DE REPOSO
ROAD CLOSED	CARRETERA CERRADA
SLIPPERY WHEN WET	RESBALADIZO CUANDO ESTA HUMEDO
SOFT SHOULDERS	ANDENES NO TRANSITABLES
SPEED CHECKED BY RADAR	VELOCIDAD VIGILADA POR RADAR
TOLL AHEAD	PEAJE
TRAFFIC LIGHTS	SEMAFOROS
TRAFFIC MERGES	CRUCE CON CARRETERA SIN PRIORIDAD
TURN ON LIGHTS	ENCIENDA LAS LUCES
TWO-WAY TRAFFIC	TRAFICO EN LOS DOS SENTIDOS
WATCH OUT CHILDREN	CUIDADO CON LOS NIÑOS

INFORMACIÓN

PARA LAS SEÑALES DE TRAFICO, véase también pág. 160-161

Parte B

Accidentes

Aquí nos limitamos a la ayuda inmediata al accidente. Los problemas legales tendrán que resolverse más tarde.

Lo primero en caso de accidente es atender al herido.

¿Hay alguien herido?	**Is anyone hurt?**	is êniuón höört
No se mueva.	**Don't move.**	dôônt muuv
Todo va bien. No se preocupe.	**It's all right. Don't worry.**	itss ool rait. dôônt uööri
¿Dónde está el teléfono más próximo?	**Where's the nearest telephone?**	uêrs ðö niirösst têlöfôôn
¿Puedo utilizar su teléfono? Ha habido un accidente.	**Can I use your telephone? There's been an accident.**	kæn ai iuus yoor têlöfôôn? ðêrs bin ön ækssödönt
Llame a un doctor/una ambulancia rápidamente.	**Call a doctor/an ambulance quickly.**	kool ö daktör/ön æmbyölönss kuikli
Hay gente herida.	**There are people injured.**	ðêr aar piipöl indʒörd
Ayúdeme a sacarlos del coche.	**Help me get them out of the car.**	hêlp mi ghêt ðêm aut öv ðö kaar

Policía—Dando parte

Todos los accidentes—particularmente aquellos en los que ha habido heridos o pérdidas materiales—deben ser informados inmediatamente a la comisaría más próxima. Marque un *0* y pida a la telefonista que le ponga con la comisaría o que envíe una ambulancia.

Llame a la policía, por favor.	**Please call the police.**	pliis kool ðö pöliiss
Ha habido un accidente. Más o menos a 2 millas de...	**There's been an accident. It's about 2 miles from...**	ðêrs bin ön ækssödönt. itss öbaut 2 mails fröm
Estoy en la autopista de Nueva Jersey, a 25 millas de Nueva York.	**I'm on the New Jersey Turnpike, 25 miles from New York City.**	aim an ðö nuu dʒöörsi töörnpaik 25 mails fröm nuu yoork ssiti

He aquí mi nombre y dirección.	**Here's my name and address.**	hiirs mai neim ænd ödröss
¿Le importaría servir de testigo?	**Would you mind acting as a witness?**	uud yu maind ækting æs ö uitnöss
Quisiera un intérprete.	**I'd like an interpreter.**	aid laik ön intöörprötör

Averías

… y esto es lo que vamos a hacer con esta sección: «averiarla» en cuatro partes:

1. *En la carretera*
   Preguntando dónde está el garaje más próximo.

2. *En el garaje*
   Preguntándole al mecánico qué pasa.

3. *Encontrando la avería*
   El mecánico le dice cuál es el problema.

4. *Reparando la avería*
   Vd. le dice que lo repare y, una vez terminado, paga la cuenta (o discute el precio).

Fase 1 — En la carretera

¿Dónde está el garaje más próximo?	**Where's the nearest garage?**	uêrs ðö niirösst ghöraaʒ
Perdone. Mi coche está averiado. ¿Puedo utilizar su teléfono?	**Excuse me. My car has broken down. May I use your phone?**	iksskyuus mi. mai kaar hæs bröôkön daun. mei ai yuus yoor fôôn
¿Cuál es el número de teléfono del garaje más próximo?	**What's the telephone number of the nearest garage?**	uatss ðö têlöfôôn nömbör öv ðö niirösst ghöraaʒ

Nota: En caso de avería, intente mover el coche de la carretera, y después pida ayuda. Ate un pañuelo blanco a la puerta del coche o a la antena de la radio y levante la tapa del portaequipajes para indicar que necesita ayuda.

REPARACIONES

Tengo una avería en...	I've had a breakdown at...	aiv hæd ö breikdaun æt
Estamos en la autopista de Santa Ana, aproximadamente a 20 millas de Disnelandia.	We're on the Santa Ana Freeway about 20 miles from Disneyland.	uiir an ðö ssæntö ænö friiuei öbaut 20 mails fröm disnilænd
¿Puede mandar un mecánico?	Can you send a mechanic?	kæn yu ssênd ö mökænik
¿Puede mandar una grúa para remolcar mi coche?	Can you send a truck to tow my car?	kæn yu ssênd ö trök tu tôô mai kaar
¿Cuánto tardará?	How long will you be?	hau long uil yu bii

Fase 2 — En el garaje

¿Puede ayudarme?	Can you help me?	kæn yu hêlp mi
No sé qué pasa con el coche.	I don't know what's wrong with it.	ai dôônt nôô uatss rong uiz it
Creo que algo no funciona en...	I think there's something wrong with the...	ai zink ðêrs ssömzing rong uiz ðö
asiento	seat	ssiit
batería	battery	bætri
bomba de gasolina	fuel pump	fyuul pömp
bombillas	bulbs	bölbs
bujías	spark plugs	sspaark plöghs
cables	lines	lains
caja de cambios	gears	ghiirs
calefacción	heating	hiiting
carburador	carburetor	kaarbyöreitör
contacto	contact	kantækt
depósito de gasolina	fuel tank	fyuul tænk
(servo-)dirección	(power) steering	(pauör) sstiiring
embrague	clutch	klöch
encendido	ignition system	ighniſön ssisstöm
filtro	filter	filtör
frenos	brakes	breikss
freno de estacionamiento	parking brake	paarking breik
generador	generator	dʒênöreitör
indicador de dirección	turn signal	töörn ssighnöl
indicador de velocidad	speedometer	sspiidamötör

klaxon	horn	hoorn
limpiaparabrisas	wipers	uaipörs
luces	lights	laitss
luz de marcha atrás	backup lights	bæköp laitss
luz del freno	brake lights	breik laitss
luces bajas	dimmers	dimörs
luces de cruce	headlights	hêdlaitss
luces traseras	tail lights	teil laitss
motor	engine	êndʒön
motor de arranque	starter	sstaartör
radiador	radiator	reidieitör
reflectores	reflectors	riflêktörs
ruedas	wheels	uiils
sistema eléctrico	electrical system	ilêktriköl ssisstöm
sistema de enfriamiento	cooling system	kuuling ssisstöm
sistema de lubricación	lubrication system	luubrökeiʃön ssisstöm
suspensión	suspension	ssösspênʃön
tapizado	lining and covering	laining ænd kövöring
techo deslizante	sliding roof	sslaiding ruuf
transmisión (automática)	(automatic) transmission	(ootömætik) trænssmiʃön
tubo de escape	exhaust pipe	ighsoosst paip
ventilación	fan	fæn

DERECHA	IZQUIERDA
RIGHT	**LEFT**
(rait)	(lêft)

DELANTE	DETRAS
FRONT	**BACK**
(frönt)	(bæk)

Es/Está...	It's...	itss
atascado	jammed	dʒæmd
atascada	stuck	sstök
calienta demasiado	overheating	ôôvörhiiting
débil	weak	uiik
defectivo	defective	difêktiv
desconectado	disconnected	disskönêktöd
fallando	misfiring	missfairing
flojo	slack	sslæk
fundiendo	short-circuiting	ʃoortssöörköting
gastado	worn	uoorn
golpeando	knocking	naking
goteando	leaking	liiking
helado	frozen	frôôsön
mal	bad	bæd
no funciona	not working	nat uöörking

quemado	**burned**	böörnt
pinchado	**blown**	blôôn
resbaladizo	**slipping**	ssliping
resquebrajado	**cracked**	krækt
roto	**broken**	brôôkön
ruidoso	**noisy**	noisi
seco	**dry**	drai
suelto	**loose**	luuss
ventilando	**blowing**	blôôing
vibrando	**vibrating**	vaibreiting

El coche no arranca.	**The car won't start.**	dö kaar uôônt sstaart
Está cerrado, y las llaves dentro.	**It's locked, and the keys are inside.**	itss lakd ænd dö kiis aar inssaid
La correa del ventilador está muy floja.	**The fan belt is too slack.**	dö fæn bêlt is tuu sslæk
El radiador gotea.	**The radiator is leaking.**	dö reidieitör is liiking
Quiero que cambie el aceite y lubrique.	**I want maintenance and lubrication service.**	ai uant meintönönss ænd luubrökeişön ssöörvöss
Hay que ajustar el ralentí.	**The idle needs adjusting.**	dö aidöl niids ödʒössting
El embrague embraga muy rápido.	**The clutch engages too quickly.**	dö klöch ingheidʒös tuu kuikli
El limpiaparabrisas no limpia.	**The wipers are smearing.**	dö uaipörs aar ssmiiring
La suspensión hidroneumática está débil.	**The pneumatic suspension is weak.**	dö nuumætik ssösspênşön is uiik
Hay que ajustar el/los...	**The... needs adjusting.**	dö... niids ödʒössting
embrague/frenos	**clutch/brakes**	klöch/breikss

Ahora que ha explicado lo que pasa, querrá saber cuánto tardarán en repararlo y tomar sus decisiones en consecuencia.

¿Cuánto tiempo llevará la reparación?	**How long will it take to repair?**	hau long uil it teik tu ripêr
¿Cuánto tardará en saber qué es lo que no funciona?	**How long will it take to find out what's wrong?**	hau long uil it teik tu faind aut uatss rong

¿Qué tal si vuelvo dentro de media hora (mañana)?	Suppose I come back in half an hour (tomorrow)?	ssöpôôs ai köm bæk in hæf ön auör (tömarôô)
¿Puede conducirme hasta la ciudad?	Can you give me a ride into town?	kæn yu ghiv mi ö raid intu taun
¿Puedo alojarme en algún sitio cerca de aquí?	Is there a place to stay nearby?	is ðêr ö pleiss tu sstei niirbai

Fase 3 — Encontrando la avería

Ahora le toca al mecánico encontrar la avería o repararla. Vd. no tiene más que tenderle el librito e indicarle el texto en inglés que sigue.

Please look at the following alphabetical list and point to the defective item. If your customer wants to know what's wrong with it, pick the applicable term from the next list (broken, short-circuited, etc.).*

air filter	filtro de aire
automatic transmission	transmisión automática
battery	batería
battery cells	células de la batería
battery liquid	líquido de la batería
bearing	soporte
block	bloque
brake	freno
brake drum	tambor del freno
brushes	escobillas
cable	cable
camshaft	árbol de levas
carburetor	carburador
clutch	embrague
clutch pedal	pedal del embrague
clutch plate	disco del embrague
condensor	condensador
connection	conexión
contact	contacto
cooling system	sistema de enfriamiento

* Haga el favor de mirar la lista alfabética e indique el elemento defectivo. Si el cliente quiere saber cuál es la avería, escoja la palabra de la lista siguiente (roto, corto-circuitado, etc.).

REPARACIONES

crankcase	cárter
crankshaft	cigüeñal
cylinder	cilindro
cylinder head	culata
cylinder head gasket	junta de la culata
diaphragm	diafragma
dimmer switch	interruptor de luces
distilled water	agua destilada
distributor	distribuidor
distributor leads	cable del distribudor
electrical system	sistema eléctrico
engine	motor
fan	ventilador
fan belt	correa del ventilador
filter	filtro
float	flotador
fuel pump	bomba de gasolina
gear	engranaje
gear box	caja de cambios
generator	generador
grease	grasa
ignition coil	bobina
injection pump	bomba de inyección
joint	junta
lining	forro
main bearings	cojinetes
oil filter/pump	filtro/bomba de aceite
petrol filter	filtro de gasolina
petrol pump	bomba de gasolina
piston	pistón
piston rings	segmentos del pistón
pneumatic suspension	suspensión hidroneumática
points	platinos
pressure springs	muelles del embrague
pump	bomba
rack and pinion	piñón de ataque
radiator	radiador
rings	segmentos
shaft	eje
shock absorber	amortiguador
shoes	zapata
spark plugs	bujías
spark plug leads	cables de bujías
springs	muelles
stabilizer	estabilizador
starter armature	armadura del motor de arranque

starter motor	motor de arranque
steering	dirección
steering box	caja de dirección
steering column post	columna de dirección
stems	tubos
suspension	suspensión
tappets	varillas
teeth	dientes
thermostat	termostato
track rod ends	rótulas de la barra de acoplamiento
transmission	transmisión
universal joint	junta principal
valve	válvula
valve spring	muelle de válvula
water pump	bomba de agua
wheels	ruedas

The following list contains words which describe what's wrong as well as what may need to be done.*

to adjust	ajustar
to balance	equilibrar
to bleed	escapar
blowing	ventilando
blown	pinchado
broken	roto
burned	quemado
to change	cambiar
to charge	cargar
to clean	limpiar
corroded	corroído
cracked	resquebrajado
defective	defectivo
dirty	sucio
disconnected	desconectado
dry	seco
frozen	helado
to grind in	engranar
high	alto
jammed	atascado
knocking	golpeando
leaking	goteando
loose	suelto

* Le siguiente lista contiene palabras que describen lo que ocurre, así como la reparación que es necesario hacer.

to loosen	aflojar
low	bajo
misfiring	fallando
overheating	calentando demasiado
play	hacer juego
puncture	pinchazo
quick	rápido
to reline	reajustar
to replace	reemplazar
short	corto
short-circuited	fundido
slack	flojo
slipping	resbaladizo
to strip down	desmontar
stuck	atascado
to tighten	apretar
vibrating	vibrando
warped	alabeado
weak	flojo
worn	gastado

Fase 4 — Reparando la avería

| ¿Ha encontrado la avería? | **Have you found the trouble?** | hæv yu faund ðö tröböl |

Ahora que ya sabe en qué consiste la avería, o por lo menos tiene una idea, querrá saber...

¿Es serio?	**Is that serious?**	is ðæt ssiiriöss
¿Puede repararlo?	**Can you repair it?**	kæn yu ripêr it
¿Puede hacerlo ahora?	**Can you do it now?**	kæn yu du it nau
¿Cuánto costará?	**What's it going to cost?**	uatss it ghôôing tu kosst

¿Y si le contesta «no»?

¿Por qué no puede hacerlo?	**Why can't you do it?**	uai kænt yu du it
¿Es esencial tener esta pieza?	**Is it essential to have that part?**	is it issênjöl tu hæv ðæt paart
¿Cuánto tardará en conseguir las piezas de repuesto?	**How long is it going to take to get the spare parts?**	hau long is it ghôôing tu teik tu ghêt ðö sspêr paartss

| ¿Dónde está el garaje más próximo que puede repararlo? | **Where's the nearest garage that can repair it?** | uêrs ðö niirösst ghöraaʒ ðæt kæn ripêr it |
| ¿Puede repararlo de forma que pueda llegar hasta...? | **Can you fix it so that I can get as far as...?** | kæn yu fikss it ssôô ðæt ai kæn ghêt æs faar æs |

Si la avería es grave, pregunte si puede dejar el coche en el garaje. Entre en contacto con la *American Automobile Association* o alquile otro coche.

Pagando la cuenta

| ¿Está todo reparado? | **Is everything fixed?** | i êvrizing fiksst |
| ¿Cuánto le debo? | **How much do I owe you?** | hau möch du ai ôô yu |

Entonces el garajista le presenta la factura. Si está satisfecho...

¿Acepta cheques de viajeros?	**Do you accept traveler's checks?**	du yu ækssêpt trævlörs chêkss
Muchas gracias por su ayuda.	**Thanks very much for your help.**	zænkss vêri möch foor yoor hêlp
Esto es para Vd.	**This is for you.**	ðiss is foor yu

Pero si tiene la impresión que hay descuido en el trabajo o que le hacen pagar por algo que no ha sido hecho, pida que le detallen la factura.

| Quisiera controlar la factura. ¿Puede detallar el trabajo realizado? | **I'd like to check the bill first. Will you itemize the work done?** | aid laik tu chêk ðö bil fôörsst. uil yu aitömais ðö uöörk dön |

Si el garajista no retrocede y Vd. está seguro que tiene razón, pida ayuda a un tercero consultando a un representante de la *AAA* o el *Better Business Bureau* (Oficina de defensa del consumidor) local.

Señales de tráfico

América está cambiando gradualmente las señales de tráfico por otras q
se parecen más a las internacionales. Hasta que este sistema no entre
operación, aún verá muchas indicaciones que quizás no le sean familiare
Las señales que ilustramos a continuación son de las más corriente

Stop/pare

Velocidad
limitada

Ceda el paso

Entrada
prohibida

Manténgase
a la derecha

Prohibido
adelantar

Cruce de
bicicletas

Autopist
dividida

Fin de
autopista dividida

Altura limitada

Empalme con
prioridad

Semáforo
más adela

Escuela	Cruce de niños	Cruce de peatones	Desnivel
Cruce de ganado	Cruce de ciervos	Cuidado: Máquinas agrícolas	Carretera para bicicletas
Pista de excursionistas	Marcador de millas	Obras durante 1500 pies	Cruce de ferrocarril
Desplácense a la derecha	Velocidad máxima nocturna	Carretera de emergencia	Permitido ambos lados

El médico

Francamente, ¿de qué le va a servir este librito en caso de accidente o enfermedad graves? La única frase que necesita en tal ocasión es...

¡Traigan un médico enseguida!	**Get a doctor quickly!**	ghêt ö **daktör** kuikli

Pero hay ciertos dolores e irritaciones de poca importancia que pueden estropear el viaje mejor planeado. En tales casos podemos ayudarle y, quizás, al médico también.

No es probable que el médico hable español. Sin embargo, en caso de emergencia, el consulado debería poder dar nombres de médicos que sepan un poco de español. Imagine algo que el doctor no podría explicarle a causa de dificultades de idioma; ya hemos pensado en ello. Como verá, esta sección ha sido dispuesta para que pueda comunicarse con el doctor. Desde la página 165 hasta la 171 encontrará su parte del diálogo en la mitad superior de cada página—la del doctor en la mitad inferior.

Toda la sección ha sido dividida en tres partes: enfermedad, heridas, tensión nerviosa. En la página 171 están las recetas y honorarios.

General

Necesito un médico rápidamente.	**I need a doctor quickly.**	ai niid ö **daktör** kuikli
¿Puede buscarme un doctor?	**Can you get me a doctor?**	kæn yu ghêt mi ö **daktör**
¿Hay un doctor aquí?	**Is there a doctor here?**	is ðêr ö **daktör** hiir
Por favor, llame a un doctor inmediatamente.	**Please telephone for a doctor immediately.**	pliis têlöfôôn foor ö **daktör** imiidiötli

MÉDICO

Hay un doctor que habla español?	**Is there a doctor who speaks Spanish?**	is ðer ö daktör huu sspiikss sspæniʃ
Dónde está el consultorio del doctor?	**Where's the doctor's office?**	uêrs ðö daktörs aföss
A qué hora son las consultas?	**What are the office hours?**	uat aar ðö aföss auörs
Podría el doctor venir a verme aquí?	**Could the doctor come to see me here?**	kud ðö daktör köm tu ssii mi hiir
A qué hora puede venir el doctor?	**What time can the doctor come?**	uat taim kæn ðö daktör köm

Síntomas

Use esta sección para decirle al doctor lo que le ocurre.
En primer lugar, lo que querrá saber es:

Qué?	(dolor, daño, golpe, etc.)
Dónde?	(brazo, estómago, etc.)
Desde cuándo?	(—le duele)

Antes de visitar al doctor, busque la respuesta a estas preguntas a través de las páginas que siguen. Así ahorrará un tiempo valioso.

Partes del cuerpo

amígdalas	**tonsils**	tanssöls
apéndice	**appendix**	öpêndikss
arteria	**artery**	aartöri
articulación	**joint**	dʒoint
barbilla	**chin**	chin
boca	**mouth**	mauz
brazo	**arm**	aarm
cabeza	**head**	hêd
cadera	**hip**	hip
cara	**face**	feiss
clavícula	**collar-bone**	kalörbôôn
codo	**elbow**	êlbôô
columna	**spine**	sspain
corazón	**heart**	haart
costilla	**rib**	rib

MÉDICO

cuello	neck	nêk
dedo	finger	fingghör
dedo del pie	toe	tôô
espalda	shoulder	ʃôôldör
estómago	stomach	sstömök
frente	forehead	foorhêd
garganta	throat	zrôôt
glándula	gland	ghlænd
hígado	liver	livör
hueso	bone	bôôn
intestinos	intestines	intêsstöns
labio	lip	lip
lengua	tongue	töng
mandíbula	jaw	dʒoo
mano	hand	hænd
mejilla	cheek	chiik
muñeca	wrist	risst
músculo	muscle	mössöl
muslo	thigh	zai
nariz	nose	nôôs
nervio	nerve	nöörv
ojo	eye	ai
oreja	ear	iir
orina	urine	yurön
pecho	chest	chêsst
pelo	hair	hêr
pie	foot	fut
piel	skin	sskin
pierna	leg	lêgh
pulgar	thumb	zöm
pulmón	lung	löng
riñón	kidney	kidni
rodilla	knee	nii
rótula	knee cap	nii kæp
sangre	blood	blöd
sistema nervioso	nervous system	nöörvöss ssisstöm
talón	heel	hiil
tendón	tendon	têndön
tobillo	ankle	ænköl
vena	vein	vein
vesícula	bladder	blædör

izquierdo/a la izquierda	derecho/a la derecha
left/on the left side	**right/on the right side**
lêft/an ðö lêft ssaid	rait/an ðö rait ssaid

PACIENTE

Parte 1 — Enfermedades

No me encuentro bien.	**I'm not feeling well.**	aim nat fiiling uêl
Estoy enfermo.	**I'm ill.**	aim il
Tengo un dolor aquí.	**I've got a pain here.**	aiv ghat ö pein hiir
A él/ ella le duele el...	**His/Her... hurts.**	his/hör... höörtss
Tengo...	**I've got...**	aiv ghat
dolor de cabeza	**a headache**	ö hêdeik
dolor de espalda	**a backache**	ö bækeik
fiebre	**a fever**	ö fiivör
la garganta irritada	**a sore throat**	ö ssoor zrôôt
mareo	**travel sickness**	trævöl ssiknöss
Estoy estreñido.	**I'm constipated.**	aim kansstöpeitöd
He estado devolviendo.	**I've been vomiting.**	aiv bin vamöting

---

DOCTOR

Part 1 — Illness

What's the trouble?	¿Qué le pasa?
Where does it hurt?	¿Dónde le duele?
How long have you had this pain?	¿Cuánto tiempo ha tenido este dolor?
How long have you been feeling like this?	¿Cuánto tiempo se ha sentido así?
Roll up your sleeve.	Súbase la manga.
Please undress (down to the waist).	Desnúdese, por favor (hasta la cintura).
Please remove your pants and shorts.	Quítese los pantalones y calzoncillos, por favor.

PACIENTE

Me siento...	**I feel...**	ai fiil
desvanecido/mareado	**faint/dizzy**	feint/**di**si
con náuseas/con escalofríos	**nauseous/shivery**	noo∫öss/∫i**vö**ri
Tengo/El/Ella tiene...	**I've/He's/She's got...**	aiv/hiis/∫iis ghat
absceso	**an abcess**	ön **æb**ssöss
amigdalitis	**tonsillitis**	tanssö**lai**töss
asma	**asthma**	**æs**mö
calambres	**cramps**	**kræmp**ss
convulsiones	**convulsions**	kön**völ**∫öns
diarrea	**diarrhea**	dai**öri**ö
escalofrío	**a chill**	ö chil
estreñimiento	**constipation**	kansstö**pei**∫ön
fiebre	**a fever**	ö **fii**vör
forúnculo	**a boil**	ö boil
gripe	**influenza**	influu**ên**sö
hemorroides	**hemorrhoids**	**hê**möroids

DOCTOR

Please lie down over here.	Por favor, acuéstese allí.
Open your mouth.	Abra la boca.
Breathe deeply.	Respire hondo.
Cough, please.	Tosa, por favor.
I'll take your temperature.	Voy a tomarle la temperatura.
I'm going to take your blood pressure.	Voy a tomarle la presión.
Is this the first time you've had this?	¿Es ésta la primera vez que le sucede?
I'll give you an injection.	Voy a ponerle una inyección.
I want a specimen of your urine/stools.	Quiero una muestra de su orina/excremento.

MÉDICO

PACIENTE

hernia	a hernia	ö höörniö
indigestión	indigestion	indaidʒësschön
inflamación de...	an inflammation of...	ön inflömeiſön öv
insolación	a sunstroke	ö ssönsstrôôk
náuseas matinales	morning sickness	moorning ssiknöss
quemadura de sol	a sunburn	ö ssönböörn
resfriado	a cold	ö kôôld
reumatismo	rheumatism	ruumötisöm
romadizo	hay fever	hei fiivör
tortícolis	a stiff neck	ö sstif nêk
tos ferina	whooping cough	huuping kaf
úlcera	an ulcer	ön ölssör
No es nada serio, ¿verdad?	It's nothing serious, I hope?	itss nözing ssiiriöss ai hôôp
Quisiera que me recete algún medicamento.	I'd like you to prescribe some medicine for me.	aid laik yu tu prisskraib ssöm mêdössön foor mi

DOCTOR

It's nothing to worry about.	No tiene que preocuparse.
You must stay in bed for ... days.	Tiene que quedarse en cama ... días.
You've got...	Tiene...
a cold/arthritis/pneumonia influenza/food poisoning an inflammation of... an appendicitis	un resfriado/artritis/pulmonía gripe/intoxicación una inflamación de... apendicitis
You're smoking/drinking too much.	Vd. fuma/bebe demasiado.
You're over-tired. You need a rest.	Está demasiado cansado. Necesita un descanso.
I want you to go to the hospital for a general check-up.	Quiero que vaya al hospital para un reconocimiento general.
I'll prescribe an antibiotic.	Le voy a recetar un antibiótico.

MÉDICO

PACIENTE

Soy diabético.	I'm a diabetic.	aim ö daiöbêtik
Tengo una enfermedad del corazón.	I've a cardiac condition.	aiv ö kaardiök köndifön
Tuve un ataque al corazón en...	I had a heart attack in...	ai hæd ö haart ötæk in
Soy alérgico a...	I'm allergic to...	aim ölöördʒik tu
Este es el medicamento que tomo normalmente.	This is my usual medicine.	ðiss is mai yuuʒöl mêdössön
Necesito este medicamento.	I need this medicine.	ai niid ðiss mêdössön
Estoy embarazada.	I'm pregnant.	aim prêgnönt
¿Puedo viajar?	Can I travel?	kæn ai trævöl

MÉDICO

DOCTOR

What dose of insulin are you taking?	¿Qué dosis de insulina está tomado?
Injection or oral?	¿En inyecciones o por vía oral?
What treatment have you been having?	¿Qué tratamiento ha tenido?
What medicine have you been taking?	¿Qué medicina ha estado tomando?
You've had a (slight) heart attack.	Ha tenido un (ligero) ataque al corazón.
We don't use... in the U.S.A. This is very similar.	En los EEUU no usamos... Esto es muy parecido.
When's the baby due?	¿Para cuándo espera el niño?
You can't travel until...	No puede viajar hasta...

PACIENTE

Parte 2 — Heridas

¿Puede mirarme este/esta...?	Could you have a look at this...?	kud yu hæv ö luk æt ðiss
ampolla	blister	blisstör
bulto	lump	lömp
corte	cut	köt
erupción	rash	ræʃ
forúnculo	boil	boil
golpe	bruise	bruus
herida	wound	uuund
hinchazón	swelling	ssuêling
picadura	sting	ssting
picadura de insecto	insect bite	inssêkt bait
quemadura	burn	böörn
rozadura	graze	greis
No puedo mover el/la... Me duele.	I can't move my... It hurts.	ai kænt muuv mai... it hööpss

DOCTOR

Part 2 — Wounds

It's (not) infected.	(No) está infectado.
You've got a slipped disc.	Tiene hernia discal.
I want you to have an X-ray.	Tiene que hacerse una radiografía.
It's...	Está...
broken/sprained dislocated/torn	roto/torcido dislocado/rasgado
You've pulled a muscle.	Tiene una distensión.
I'll give you an antiseptic. It's not serious.	Le daré un antiséptico. No es nada grave.
I want you to come and see me in... day's time.	Quiero que vuelva a verme dentro de... días.

MÉDICO

PACIENTE

Parte 3 — Tensión nerviosa

Estoy muy nervioso.	**I'm in a nervous state.**	aim in ö **nöör**vöss ssteit
Me siento deprimido.	**I'm feeling depressed.**	aim **fii**ling di**prê**sst
Quiero un somnífero.	**I want some sleeping pills.**	ai uant ssöm **sslii**ping pils
No puedo comer/ dormir.	**I can't eat/I can't sleep.**	ai kænt iit/ai kænt ssliip
Tengo pesadillas.	**I'm having nightmares.**	aim **hæ**ving **nait**mêrs
¿Puede recetarme un...?	**Can you prescribe a...?**	kæn yu priss**kraib** ö
sedante	**tranquilizer**	**træn**kuöl**ai**sör
anti-depresión	**anti-depressant**	**æn**ti-di**prê**ssönt

DOCTOR

Part 3 — Nervous tension

You're suffering from nervous tension.	Vd. está bajo tensión nerviosa.
You need a rest.	Necesita descansar.
What pills have you been taking?	¿Qué píldoras ha estado tomando?
How many a day?	¿Cuántas diarias?
How long have you been feeling like this?	¿Cuánto tiempo lleva sintiéndose así?
I'll prescribe some pills.	Le voy a recetar píldoras.
I'll give you a sedative.	Voy a darle un sedante.

PACIENTE

Receta y dosificación

¿Qué clase de medicina es ésta?	What kind of medicine is this?	uat kaind öv **mê**dössön is ðiss
¿Cuántas veces por día tengo que tomarla?	How many times a day should I take it?	hau **mê**ni taims ö dei ʃud ai teik it
¿Tengo que tragármelas enteras?	Must I swallow them whole?	mösst ai **s**sua**l**ôô ðêm hôôl

Honorarios

¿Cuánto le debo?	How much do I owe you?	hau möch du ai ôô yu
¿Le pago ahora o me mandará la factura?	Do I pay you now or will you send me your bill?	du ai pei yu nau oor uil yu ss**ê**nd mi yoor bil
¿Puede hacerme un recibo?	May I have a receipt?	mei ai hæv ö ri**ss**i**it**
Gracias por su ayuda, doctor.	Thanks for your help, Doctor.	z**æ**nkss foor yoor hêlp **d**akt**ö**r

MÉDICO

DOCTOR

Prescriptions and dosage

Take... teaspoons of this medicine every... hours.

Tome... cucharaditas de esta medicina cada... horas.

Take... pills with a glass of water...

Tome... píldoras con un vaso de agua...

...times a day
before each meal
after each meal
between meals
in the mornings
at night

...veces por día
antes de cada comida
después de cada comida
entre las comidas
por la mañana
por la noche

Fee

Please pay me now.

Págueme ahora, por favor.

I'll send you a bill.

Le mandaré la factura.

PARA LOS NUMEROS, véase pág. 175

Dentista

¿Puede aconsejarme un buen dentista?	Can you recommend a good dentist?	kæn yu rêkömênd ö ghud dêntösst
¿Puede darme hora para ver al Doctor... (urgente)?	Can I make an (urgent) appointment to see Doctor...?	kæn ai meik ön öördʒönt öpointmönt tu ssii daktör
¿No podría conseguirlo un poco antes?	Can't you possibly make it earlier than that?	kænt yu passöbli meik it öörliör ðæn ðæt
Tengo un dolor de muelas.	I've a toothache.	aiv ö tuuzeik
Tengo un flemón.	I've an abcess.	aiv ön æbssöss
Me duele este diente.	This tooth hurts.	ðiss tuuz höörtss
arriba	at the top	æt ðö tap
abajo	at the bottom	æt ðö batöm
delante	in the front	in ðö frönt
detrás	at the back	æt ðö bæk
¿Puede arreglarlo temporalmente?	Can you fix it temporarily?	kæn yu fikss it têmpörêröli
No quiero que me lo saque.	I don't want it extracted.	ai dôônt uant it iksstræktöd
Se me ha caído el empaste.	I've lost a filling.	aiv losst ö filing
La encía me duele/ la encía está sangrando.	The gum is very sore/the gum is bleeding.	ðö ghöm is vêri ssoor/ ðö ghöm is bliiding

Dentaduras

Se me ha roto esta dentadura.	I've broken this denture.	aiv brôôkön ðiss dênchör
¿Puede arrglarme esta dentadura?	Can you repair this denture?	kæn yu ripêr ðiss dênchör
¿Cuándo estará lista?	When will it be ready?	uên uil it bii rêdi

Optico

Se me han roto las gafas.	I've broken my glasses.	aiv **brôôkön** mai **ghlæssös**
¿Puede arreglármelas?	Can you repair them for me?	kæn yu rip**êr** ðêm foor mi
¿Cuándo estarán listas?	When will they be ready?	uên uil ðei bii **rêdi**
¿Puede cambiar los cristales?	Can you change the lenses?	kæn yu cheind3 ðö **lênsös**
Quiero lentes ahumados.	I want tinted lenses.	ai uant **tintöd lênsös**
Quiero unos lentes de contacto.	I want some contact lenses.	ai uant ssöm **kantækt lênsös**
Quisiera comprar un par de binoculares.	I'd like to buy a pair of binoculars.	aid laik tu bai ö pêr öv **bönakyölörs**
Quisiera comprar unas gafas de sol.	I'd like to buy a pair of sun-glasses.	aid laik tu bai ö pêr öv **ssönghlæssös**
¿Cuánto le debo?	How much do I owe you?	hau möch du ai ôô yu
¿Le pago ahora o me mandará la factura?	Do I pay you now or will you send me your bill?	du ai pei yu nau oor uil yu ssênd mi yoor bil

ÓPTICO

PARA LOS NUMEROS, véase pág. 175

Informaciones generales

¿De dónde es Vd.?

A continuación encontrará una lista con nombres de países y regiones, así como los nombres de algunos estados, provincias o ciudades de América del Norte que pueden causarnos dificultades de pronunciación:

Africa	**Africa**	æfrikö
Alemania	**Germany**	dӡöörmöni
América Central	**Central America**	ssêntröl ömêrökö
América del Norte	**North America**	noorz ömêrökö
América del Sur	**South America**	ssauz ömêrökö
Argentina	**Argentina**	aardӡöntiinö
Asia	**Asia**	eiӡö
Australia	**Australia**	oosstreilyö
Bolivia	**Bolivia**	böliviö
Brasil	**Brazil**	brösil
Canadá	**Canada**	kænödö
Colombia	**Colombia**	kölömbiö
Costa Rica	**Costa Rica**	kasstö riikö
Cuba	**Cuba**	kyuubö
Chile	**Chile**	chili
Ecuador	**Ecuador**	êkuödoor
EEUU	**USA**	yuu-êss-ei
El Salvador	**El Salvador**	êl ssælvödoor
España	**Spain**	sspein
Europa	**Europe**	yuröp
Francia	**France**	frænss
Gran Bretaña	**Great Britain**	ghreit britön
Guatemala	**Guatemala**	ghuaatömaalö
Honduras	**Honduras**	handuröss
Italia	**Italy**	itöli
Japón	**Japan**	dӡöpæn
México	**Mexico**	mekssikôô
Nicaragua	**Nicaragua**	niköraaghuö
Panamá	**Panama**	pænömaa
Paraguay	**Paraguay**	pæröghuai
Perú	**Peru**	pöruu
República Dominicana	**Dominican Republic**	döminikön ripöblik
Suiza	**Switzerland**	ssuitssörlænd
Uruguay	**Uruguay**	yuröghuai

Arkansas	aarkönssoo	Quebec	kuibêk
Connecticut	könêtiköt	Rhode Island	rôôd ailönd
Idaho	aidöhôô	Saskatchewan	ssösskæchöuön
Illinois	ilönoi	South Carolina	ssauz kærölainö
Iowa	aiyöuö	Utah	yuutoo
Ohio	ôôhaiôô	Virginia	vördʒinyö
Oregon	oorighön	Wyoming	uaiôôming

Albuquerque	ælbököörki	Mobile	môôbiil
Baton Rouge	bæton ruuʒ	Montreal	mantriool
Birmingham	bŏŏrminghæm	New Orleans	nuu oorliins
Boise	boisi	Omaha	ôômöhoo
Charleston	chaarlsstön	Phoenix	fiinikss
Chattanooga	chætönuughö	Reno	riinôô
Des Moines	dimoin	St. Louis	sseint luuöss
Detroit	ditroit	Schenectady	sskönektödi
Louisville	luuivil	Seattle	ssiætöl
Miami	maiæmi	Tucson	tuussan
Milwaukee	miluooki	Vancouver	vænkuuvör

Números

0	zero/0	siirôô/ôô
1	one	uôn
2	two	tuu
3	three	zrii
4	four	foor
5	five	faiv
6	six	ssikss
7	seven	ssêvön
8	eight	eit
9	nine	nain
10	ten	tên
11	eleven	ilêvön
12	twelve	tuêlv
13	thirteen	zöörtiin
14	fourteen	foortiin
15	fifteen	fiftiin
16	sixteen	ssiksstiin
17	seventeen	ssêvöntiin
18	eighteen	eitiin
19	nineteen	naintiin
20	twenty	tuênti
21	twenty-one	tuênti-uôn
22	twenty-two	tuênti-tuu
23	twenty-three	tuênti-zrii

24	twenty-four	tuênti-foor
25	twenty-five	tuênti-faiv
26	twenty-six	tuênti-ssikss
27	twenty-seven	tuênti-ssêvön
28	twenty-eight	tuênti-eit
29	twenty-nine	tuênti-nain
30	thirty	zöörti
31	thirty-one	zöörti-uön
32	thirty-two	zöörti-tuu
33	thirty-three	zöörti-zrii
40	forty	foorti
41	forty-one	foorti-uön
42	forty-two	foorti-tuu
43	forty-three	foorti-zrii
50	fifty	fifti
51	fifty-one	fifti-uön
52	fifty-two	fifti-tuu
53	fifty-three	fifti-zrii
60	sixty	ssikssti
61	sixty-one	ssikssti-uön
62	sixty-two	ssikssti-tuu
63	sixty-three	ssikssti-zrii
70	seventy	ssêvönti
71	seventy-one	ssêvönti-uön
72	seventy-two	ssêvönti-tuu
73	seventy-three	ssêvönti-zrii
80	eighty	eiti
81	eighty-one	eiti-uön
82	eighty-two	eiti-tuu
83	eighty-three	eiti-zrii
90	ninety	nainti
91	ninety-one	nainti-uön
92	ninety-two	nainti-tuu
93	ninety-three	nainti-zrii
100	one hundred	uön höndröd
101	one hundred and one	uön höndröd ænd uön
102	one hundred and two	uön höndröd ænd tuu
110	one hundred and ten	uön höndröd ænd tên
120	one hundred and twenty	uön höndröd ænd tuênti
130	one hundred and thirty	uön höndröd ænd zöörti
140	one hundred and forty	uön höndröd ænd foorti
150	one hundred and fifty	uön höndröd ænd fifti
160	one hundred and sixty	uön höndröd ænd ssikssti
170	one hundred and seventy	uön höndröd ænd ssêvönti
180	one hundred and eighty	uön höndröd ænd eiti
190	one hundred and ninety	uön höndröd ænd nainti

200	**two hundred**	tuu **höndröd**
300	**three hundred**	zrii **höndröd**
400	**four hundred**	foor **höndröd**
500	**five hundred**	faiv **höndröd**
600	**six hundred**	ssikss **höndröd**
700	**seven hundred**	ssêvön **höndröd**
800	**eight hundred**	eit **höndröd**
900	**nine hundred**	nain **höndröd**
1000	**one thousand**	uön **zausönd**
1100	**one thousand one hundred**	uön **zausönd** uön **höndröd**
1200	**one thousand two hundred**	uön **zausönd** tuu **höndröd**
2000	**two thousand**	tuu **zausönd**
5000	**five thousand**	faiv **zausönd**
10,000	**ten thousand**	tên **zausönd**
50,000	**fifty thousand**	fifti **zausönd**
100,000	**one hundred thousand**	uön **höndröd zausönd**
1,000,000	**one million**	uön **milyön**
1,000,000,000	**one billion**	uön **bilyön**

primero	**first**	föörsst
segundo	**second**	ssêkönd
tercero	**third**	zöörd
cuarto	**fourth**	foorz
quinto	**fifth**	fifz
sexto	**sixth**	ssikssz
séptimo	**seventh**	ssêvönz
octavo	**eighth**	eeitz
noveno	**ninth**	nainz
décimo	**tenth**	tênz
una vez	**once**	uönss
dos veces	**twice**	tuaiss
tres veces	**three times**	zrii taims
una mitad	**a half**	ö hæf
medio...	**half a...**	hæf ö
la mitad de...	**half of...**	hæf öv
medio (adj.)	**half (adj.)**	hæf
un cuarto	**a quarter**	ö kuoortör
un tercio	**one third**	uön zöörd
un par de	**a pair of**	ö pêr öv
una docena	**a dozen**	ö dösön

1984	**nineteen eighty-four**	naintiin eiti-foor
1999	**nineteen ninety-nine**	naintiin nainti-nain

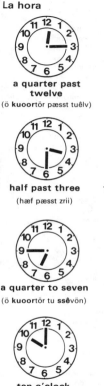

178

INFORMACIONES GENERALES

La hora

a quarter past twelve
(ö **kuoor**tör pæsst tuêlv)

twenty past one
(**tuên**ti pæsst uön)

twenty-five past two
(**tuên**ti-**faiv** pæsst tuu)

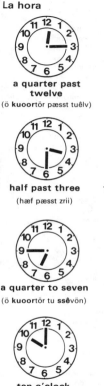

half past three
(hæf pæsst zrii)

twenty-five to five
(**tuên**ti-**faiv** tu faiv)

twenty to six
(**tuên**ti tu ssikss)

a quarter to seven
(ö **kuoor**tör tu ss**ê**vön)

ten to eight
(tên tu eit)

five to nine
(faiv tu nain)

ten o'clock
(tên öklak)

five past eleven
(faiv pæsst il**ê**vön)

ten past twelve
(tên pæsst tuêlv)

En América, se emplea el sistema de doce horas. De medianoche a mediodía se añade **a.m.** después de la cifra (ejemplo: 8:30 a.m. = 8:30 de la mañana), y de mediodía a medianoche se añade **p.m.** (ejemplo: 10:15 p.m. = 10:15 de la noche).

Expresiones útiles

¿Qué hora es?	**What time is it?**	uat taim is it
Es/Son...	**It's...**	itss
Disculpe. ¿Puede darme la hora?	**Excuse me. Can you tell me the time?**	iksskyuus mi. kæn yu têl mi ðö taim
Nos encontraremos en... mañana.	**I'll meet you at... tomorrow.**	ail miit yu æt... tömarôô
Siento llegar atrasado.	**I'm sorry I'm late.**	aim ssari aim leit
¿A qué hora abre...?	**At what time does... open?**	æt uat taim dös... ôôpön
¿A qué hora cierra...?	**At what time does... close?**	æt uat taim dös... klôôs
¿Cuánto dura?	**How long will it last?**	hau long uil it læsst
¿A qué hora termina?	**What time will it end?**	uat taim uil it ênd
¿A qué hora debo estar allí?	**At what time should I be there?**	æt uat taim ʃud ai bii ðêr
¿A qué hora llegará Vd. allí?	**At what time will you be there?**	æt uat taim uil yu bii ðêr
¿Puedo venir...?	**Can I come...?**	kæn ai köm
a las 8/a las 2:30	**at 8 o'clock/at 2:30**	æt 8 öklak/æt 2 zöörti
después (prep.)	**after**	æftör
después	**afterwards**	æftöruörds
antes (adv.)	**before**	bifoor
temprano	**early**	öörli
a tiempo	**in time**	in taim
tarde	**late**	leit
medianoche	**midnight**	midnait
mediodía	**noon**	nuun
hora	**hour**	auör
minuto	**minute**	minöt
segundo	**second**	ssêkönd
cuarto de hora	**quarter of an hour**	kuoortör öv ön auör
media hora	**half an hour**	hæf ön auör

Días de la semana

¿Qué día es hoy?	What day is it today?	uat dei is it tödei
domingo	Sunday	ssöndi
lunes	Monday	möndi
martes	Tuesday	tuusdi
miércoles	Wednesday	uênsdi
jueves	Thursday	zöörsdi
viernes	Friday	fraidi
sábado	Saturday	ssætördi
por la mañana	in the morning	in öö moorning
durante el día	during the day	duuring öö dei
por la tarde	in the afternoon	in öi æftörnuun
por la noche	in the evening	in öi iivning
por la noche	at night	æt nait
anteayer	the day before yesterday	öö dei bifoor yêsstördi
ayer	yesterday	yêsstördi
hoy	today	tödei
mañana	tomorrow	tömaröö
pasado mañana	the day after tomorrow	öö dei æftör tömaröö
el día anterior	the day before	öö dei bifoor
el día siguiente	the next day	öö nêksst dei
hace dos días	two days ago	tuu deis ögöö
dentro de tres días	in three days' time	in zrii deis taim
la semana pasada	last week	læsst uiik
la semana próxima	next week	nêksst uiik
durante dos semanas	for two weeks	foor tuu uiikss
cumpleaños	birthday	böörzdei
día	day	dei
día de semana	weekday	uiikdei
día festivo	holiday	halödei
día laborable	working day	uöörking dei
día libre	day off	dei oof
fin de semana	weekend	uiikênd
mes	month	mönz
semana	week	uiik
vacaciones	vacation	vökeiʃön
vacaciones escolares	school vacation	sskuul vökeiʃön

Meses

Enero	**January**	dʒænyöri
Febrero	**February**	fêbröri
Marzo	**March**	maarch
Abril	**April**	eipril
Mayo	**May**	mei
Junio	**June**	dʒuun
Julio	**July**	dʒulai
Agosto	**August**	ooghösst
Septiembre	**September**	ssêptêmbör
Octubre	**October**	aktôôbör
Noviembre	**November**	nôôvêmbör
Diciembre	**December**	dissêmbör
desde junio	**since June**	ssinss dʒuun
durante el mes de agosto	**during the month of August**	duuring ðö mönz öv ooghösst
el mes pasado	**last month**	læsst mönz
el mes próximo	**next month**	nêksst mönz
el mes anterior	**the month before**	ðö mönz bifoor
el mes siguiente	**the month after**	ðö mönz æftör
primero de julio	**July 1**	dʒulai föörsst
17 de marzo	**March 17**	maarch ssêvöntiinz

Los encabezados de cartas se escriben así:

Nueva York, 17 de agosto de 19..	**New York, August 17, 19..**
San Francisco, 1 de julio de 19..	**San Francisco, July 1, 19..**

Estaciones

primavera	**spring**	sspring
verano	**summer**	ssömör
otoño	**fall**	fool
invierno	**winter**	uintör
en primavera	**in spring**	in sspring
durante el verano	**during the summer**	duuring ðö ssömör
en otoño	**in fall**	in fool
durante el invierno	**during the winter**	duuring ðö uintör

Fiestas

1 de enero	**New Year's Day**–Año Nuevo
febrero (tercer lunes)	**Washington's Birthday** – Aniversario de Washington (EEUU)
mayo (último lunes)	**Memorial Day** – Diá de los Caídos (EEUU)
mayo (lunes anterior al 25)	**Victoria Day** – Día de la Reina Victoria (Canadá)
1 de julio	**Dominion Day** – Fiesta de la Confederación (Canadá)
4 de julio	**Independence Day** – Día de la Independencia (EEUU)
septiembre (primer lunes)	**Labor Day** – Día del Trabajo
octubre (segundo lunes)	**Columbus Day** – Día de Colón (EEUU)
	Thanksgiving – Día de Acción de Gracias (Canadá)
11 de noviembre	**Veterans' Day** – Día de los Veteranos (EEUU)
	Remembrance Day – Día de los Caídos (Canadá)
noviembre (cuarto jueves)	**Thanksgiving** – Día de Acción de Gracias (EEUU)
25 de diciembre	**Christmas** – Navidad
Fiestas movibles:	**Good Friday** – Viernes Santo (Canadá)
	Easter Monday – Lunes de Pascua (Canadá)

Temperaturas medias (en grados centígrados):

	Chicago	Los Angeles	Miami	Nueva York	Toronto
Enero	−4	13	20	1	−5
Febrero	−3	13	20	1	−5
Marzo	3	15	21	5	−1
Abril	9	16	23	10	6
Mayo	15	18	25	16	12
Junio	20	20	26	21	17
Julio	24	22	27	24	21
Agosto	23	22	27	22	19
Septiembre	19	21	27	19	16
Octubre	12	19	25	13	9
Noviembre	4	16	22	8	3
Diciembre	−2	14	21	3	−3

INFORMACIONES GENERALES

Abreviaturas

Estas son las abreviaturas americanas más usuales:

a.m.	ante meridiem	antes de mediodía
Assoc.	associate	socio
Assn.	association	sociedad
ass't	assistant	asistente
att(n).	attention	atención (de)
Ave.	avenue	avenida
Blvd.	boulevard	bulevar
Co.	company	compañía
c/o	in care of	en casa de
Corp.	corporation	corporación
D.C.	District of Columbia	Distrito Federal (Washington)
D.D.S.	doctor of dental science	dentista
Dir.	director	director
dz.	dozen	docena
enc.	enclosure	adjunto
Fwy	freeway	autopista
hp	horsepower	caballo de vapor
Hwy	highway	carretera principal
Inc.	incorporated	Sociedad Anónima
M.C.	master of ceremonies	presentador
M.D.	medical doctor	doctor
Mgr.	manager	director, gerente
m.p.h.	miles per hour	millas por hora
Mr.	mister	Señor
Mrs.	missus	Señora
Ms.	miss or missus	Señorita o Señora
Pkwy	parkway	bulevar alrededor de un parque
P.O. (B.)	post office (box)	apartado de correos
p.m.	post meridiem	depués de mediodía
Pres.	president	presidente
Rd.	road	carretera
Rev.	reverend	reverendo
R.F.D.	rural free delivery	zona rural (para Correos)
SRO	standing room only	sólo entradas de pie
St.	street	calle
TV	television	televisión
UN	United Nations	Naciones Unidas
V.P.	vice president	vice-presidente
Xmas	Christmas	Navidad
ZIP	zone improvement plan	Código postal

INFORMACIONES GENERALES

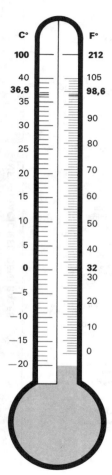

Tablas de conversión
Pulgadas y centímetros

Para cambiar centímetros en pulgadas multiplique por .39.

Para cambiar pulgadas en centímetros multiplique por 2.54.

12 pulgadas (inches/in.) = 1 pie (foot/ft.)
3 pies = 1 yarda (yd.)

	in.	feet	yards
1 mm	0,039	0,003	0,001
1 cm	0,39	0,03	0,01
1 dm	3,94	0,32	0,10
1 m	39,40	3,28	1,09

	mm	cm	m
1 in.	25,4	2,54	0,025
1 ft.	304,8	30,48	0,304
1 yd.	914,4	91,44	0,914

(32 metros = 35 yardas)

Temperatura

Para convertir grados centígrados en Fahrenheit multiplique los centígrados por 1.8 y sume 32.

Para convertir grados Fahrenheit en centígrados reste 32 de los Fahrenheit y divídalo por 1.8.

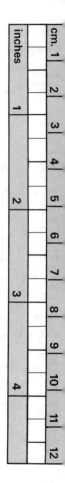

Metros y pies

Los números que se hallan en la columna central corresponden a metros y pies, por ejemplo 1 metro = 3.28 pies y 1 pie = 0.30 metros.

Metros		Pies
0.30	1	3.281
0.61	2	6.563
0.91	3	9.843
1.22	4	13.124
1.52	5	16.403
1.83	6	19.686
2.13	7	22.967
2.44	8	26.248
2.74	9	29.529
3.05	10	32.810
3.35	11	36.091
3.66	12	39.372
3.96	13	42.635
4.27	14	45.934
4.57	15	49.215
4.88	16	52.496
5.18	17	55.777
5.49	18	59.058
5.79	19	62.339
6.10	20	65.620
7.62	25	82.023
15.24	50	164.046
22.86	75	246.069
30.48	100	328.092

Otras tablas de conversión

Para	véase página
tallas de ropa	130
cambio de moneda	136
distancias (millas-kilómetros)	144
medidas de capacidad	142
presión de neumáticos	143

INFORMACIONES GENERALES

Conversión de pesos

El número en el medio corresponde a ambos kilos y libras, por ejemplo 1 kilo = 2.20 libras, y 1 libra = 0.45 kilos.

Kilos		Libras
0.45	1	2.205
0.90	2	4.405
1.35	3	6.614
1.80	4	8.818
2.25	5	11.023
2.70	6	13.227
3.15	7	15.432
3.60	8	17.636
4.05	9	19.840
4.50	10	22.045
6.75	15	33.068
9.00	20	44.889
11.25	25	55.113
22.50	50	110.225
33.75	75	165.338
45.00	100	220.450

INFORMACIONES GENERALES

NORTE
NORTH
(noorz)

OESTE
WEST
(uêsst)

ESTE
EAST
(iisst)

SUR
SOUTH
(ssauz)

¿Qué significa este letrero?

Puede estar seguro que durante su viaje se encontrará con algunos de estos letreros o indicaciones:

Beware of the dog	Cuidado con el perro
Bicycle path	Sendero para bicicletas
Cashier	Caja
Caution	Cuidado
Closed	Cerrado
Cold	Frío (grifo)
Danger	Peligro
Danger of death	Peligro de muerte
Do not block entrance	No obstruya la entrada
Do not touch	No tocar
Down	Debajo
Elevator	Ascensor
Emergency exit	Salida de emergencia
Entrance	Entrada
Exit	Salida
For rent	Se alquila
For sale	Se vende
... forbidden	... prohibido
Gentlemen	Caballeros
Hot	Caliente
Information	Información
Ladies	Señoras
No entrance	Prohibido entrar
No littering	Prohibido arrojar basuras
No loitering	Prohibido callejear
No smoking	Prohibido fumar
Occupied	Ocupado
Open	Abierto
Please ring	Toque el timbre por favor
Private	Privado
Private road	Carretera particular
Pull	Tirar
Push	Empujar
Reserved	Reservado
Sales	Rebajas
Smoking allowed	Permitido fumar
Sold out	Vendido/completo
Trespassers will be prosecuted	Prohibida la entrada a personas no autorizadas
Up	Arriba
Vacant	Libre

Locuciones más usuales

Por favor.	**Please.**	pliis
Gracias.	**Thank you.**	zænk yu
Sí/No.	**Yes/No.**	yêss/nôô
Perdone.	**Excuse me.**	iksskyuus mi
Camarero, por favor.	**Waiter, please.**	ueitör pliis
¿Cuánto cuesta?	**How much is that?**	hau möch is ðæt
¿Dónde están los servicios?	**Where are the restrooms?**	uêr aar ðö rêsstruums

INFORMACIONES GENERALES

Restrooms (rêsstruums)	Servicios
GENTLEMEN (dʒentölmên)	**LADIES** (leidis)

¿Podría decirme...?	**Could you tell me...?**	kud yu têl mi
dónde/cuándo/por qué	**where/when/why**	uêr/uên/uai
Ayúdeme, por favor.	**Please help me.**	pliis hêlp mi
¿Qué hora es?	**What time is it?**	uat taim is it
¿Dónde está el consulado...?	**Where's the... consulate?**	uêrs ðö... konssöleit
argentino	**Argentinian**	aardʒöntiiniön
español	**Spanish**	spæniʃ
mexicano	**Mexican**	mêkssikön
¿Qué significa esto? No comprendo.	**What does this mean? I don't understand.**	uat dös ðiss miin? ai dôônt öndörsstænd
¿Habla español?	**Do you speak Spanish?**	du yu sspiik sspæniʃ

Urgencias

En caso de urgencia marque el número 0; la telefonista lo comunicará con el servicio correspondiente.

Para llamar a un servicio de urgencia médica o dental consulte la primera página de la guía telefónica en cualquier ciudad de alguna importancia; en ella encontrará el número. Estos servicios atienden las 24 horas del día.

Acuéstese	Lie down	lai daun
Llame a un médico	Get a doctor	ghêt ö daktör
CUIDADO	CAREFUL/Look out	kêrföl/luk aut
Retire sus manos	Keep your hands to yourself	kiip yoor hænds tu yoorssêlf
Déjeme en paz	Leave me alone	liiv mi ölôôn
Dése prisa	Be quick	bii kuik
Detengan a ese hombre	Stop that man	sstap ðæt mæn
DETENGAN AL LADRÓN	STOP THIEF	sstap ziif
Entre	Come in	köm in
Escuche	Listen	lissön
Escúcheme	Listen to me	lissön tu mi
Estoy enfermo	I'm ill	aim il
FUEGO	FIRE	fair
Gas	Gas	ghæss
He perdido mi ...	I've lost my ...	aiv losst mai
Llame a la policía	Call the police	kool ðö pöliiss
Me he perdido	I'm lost	aim losst
MIRE	LOOK	luk
DETENGASE	STOP	sstap
PELIGRO	DANGER	deindჳör
POLICIA	POLICE	pöliiss
Rápido	Quick	kuik
SOCORRO	HELP	hêlp
Traigan ayuda rápidamente	Get help quickly	ghêt hêlp kuikli
Váyase	Go away	ghôô öuei
Venga aquí	Come here	köm hiir

Indice